本书为国家社科基金一般项目"农民工市民化中政治权利平等与政策创新研究"（16BSH081）的最终成果，湖南师范大学政治学省级"十四五"重点建设学科资助。

中国模式

市民化中农民工
政治参与问题与对策研究

刘　茜　武媛媛◎著

光明日报出版社

图书在版编目（CIP）数据

市民化中农民工政治参与问题与对策研究 ／ 刘茜，
武媛媛著 . -- 北京：光明日报出版社，2024.8.
ISBN 978 - 7 - 5194 - 8244 - 2

Ⅰ . D422.6

中国国家版本馆 CIP 数据核字第 2024YG8363 号

市民化中农民工政治参与问题与对策研究
SHIMINHUA ZHONG NONGMINGONG ZHENGZHI CANYU WENTI YU DUICE
YANJIU

著　　者：刘　茜　武媛媛

责任编辑：李　倩　　　　　　　　责任校对：李壬杰　乔宇佳
封面设计：中联华文　　　　　　　责任印制：曹　净

出版发行：光明日报出版社

地　　址：北京市西城区永安路 106 号，100050

电　　话：010-63169890（咨询），010-63131930（邮购）

传　　真：010-63131930

网　　址：http：//book.gmw.cn

E - mail：gmrbcbs@ gmw.cn

法律顾问：北京市兰台律师事务所龚柳方律师

印　　刷：三河市华东印刷有限公司

装　　订：三河市华东印刷有限公司

本书如有破损、缺页、装订错误，请与本社联系调换，电话：010-63131930

开　　本：170mm×240mm

字　　数：286 千字　　　　　　　印　　张：15

版　　次：2025 年 1 月第 1 版　　　印　　次：2025 年 1 月第 1 次印刷

书　　号：ISBN 978 - 7 - 5194 - 8244 - 2

定　　价：95.00 元

前　言

"七普"数据显示，中国现有流动人口 3.76 亿人，且人口流动趋势进一步加剧，高流动性的"迁徙中国"业已形成。国家统计局公布的《2022 年农民工监测调查报告》显示全国农民工总量已达到 2.96 亿人，农民工已然成为我国流动人口的主体。自 20 世纪 90 年代以来，农民工问题一直是学术界的研究热点，户籍制度、劳动力市场、农民工社会角色、劳动权益保障与社会保障、教育与管理、生计可持续发展等问题成为农民工研究的主要方面。近年来，随着农民工规模的不断扩大，农民工市民化问题逐渐成为公共管理领域中极具挑战性的研究课题，也是我国构建和谐社会过程中不可回避的问题。

农民工市民化是中国城镇化建设的核心和关键，政治市民化是经济市民化、社会市民化的制度保障，政治参与是政治市民化的本质。2014 年《国家新型城镇化规划（2014—2020 年）》强调"以人的城镇化为核心，有序推进农业转移人口市民化"，并在"有序推进农业转移人口市民化"的表述中把"提高各级党代会代表、人大代表、政协委员中农民工的比例，积极引导农民工参加党组织、工会和社团组织，引导农业转移人口有序参政议政和参加社会管理"作为农业转移人口市民化的重要任务。这在一定程度上反映出城镇化的政策调整在制度设计上体现出政府对农民工在城市政治参与问题上的重大关切。另外，党的二十大报告将发展全过程人民民主确定为中国式现代化的本质要求之一。政治参与是实现政治民主化的重要途径，故提升农民工的政治参与已成为推进我国全过程人民民主建设的重要内容。这为农民工政治参与在制度上给予了重要保障。

随着新型城镇化政策的全面推进，农民工市民化类型开始分化，已经形成就近城镇化与异地城镇化的并行格局，未落户与已落户农民工共存的状态。在这种情势下，农民工在城市政治参与的实际状况如何？农民工在城市政治参与的影响因素是什么？不同类型农民工在城市的政治参与是否存在差异？这些成为农民工市民化中必须关注和解决的重要问题。

湖南师范大学农民工市民化课题组一直致力于农民工问题的研究。在过去的几年里，我们持续关注农民工政治市民化问题。本书是农民工政治市民化研究的重要成果之一，从基本政治活动参与、选举活动参与及自组织参与三个维度对农民工市民化中的政治参与进行分析，揭示了现阶段我国农民工政治参与的水平，指出影响农民工政治参与的关键因素，识别出农民工市民化中政治参与的主要问题，并对现有政策进行解读以剖析农民工在城市政治参与的制度障碍，指出政策改革的方向。笔者希望本书的出版可以提升读者对市民化中农民工政治参与问题的认识，并为政府相应政策的出台提供借鉴和依据。

本书在国家社会科学基金一般项目"农民工市民化中政治权利平等与政策创新研究"（16BSH081）结题报告的基础上修订而成，是课题组全体成员精诚协作的成果。感谢朱亚林、刘梦念、李培培为本书部分章节提供的数据分析、资料整理等帮助，感谢任锋老师，覃敏、刘妍妍、武彦斌、杨乐、卢春玲、胡江凤、何彦男、张雨纯、牟莹、蒋浩、王丹蕾、朱用琴、杨竟礼等同学为本书的调查工作给予的大力支持，也感谢长沙市政府、厦门市政府有关部门的大力协助和积极配合。此外，作者特别感谢西安交通大学公共管理学院杜海峰教授，他为本书的研究提供了非常宝贵的意见和建议。本书的研究和出版得到了国家社会科学基金一般项目（16BSH081）、湖南师范大学政治学省级"十四五"重点建设学科的支持，在此一并致谢。

由于作者水平有限，书中难免有不妥之处，恳请读者批评指正。

目　录
CONTENTS

第一篇

01

| 总论 |

本篇作为本书的总论，共分为三章。第一章主要介绍了本书的研究背景、概念界定、研究目标、研究内容与框架、研究视角与章节安排。第二章对国内外政治参与的相关理论和农民工政治参与的研究现状进行综述。第三章介绍本书的调查总体情况。

第一章

绪　论

本章主要介绍了本研究的研究背景、概念界定、研究目标、研究内容与框架、研究视角以及章节安排。

第一节　研究背景

一、现实背景

2022 年 10 月 16 日，习近平总书记在党的二十大报告中强调"发展全过程人民民主，保障人民当家作主"，指明了我国民主政治前进的方向。人民民主是社会主义的生命，保障人民当家作主的权利更是中国特色社会主义政治建设的必然要求。政治参与是实现政治民主化的重要途径，更是中国人民当家作主的具体形式。随着我国制度的不断完善，人民积极有序的政治参与把全过程人民民主的价值转换为了具体的行动实践。"七普"数据显示，我国正从"乡土中国"向"迁徙中国"转变，大规模、高流动性的流动人口成为城市社会的重要特征。农民工是城市流动人口的主体，其政治参与的境况不仅对我国民主政治的稳定和建设造成影响，更直接影响城市全过程人民民主战略的推进。因此，提高农民工政治参与水平，提升他们在政治领域的话语权是必然趋势。

现阶段，我国出台了一系列保障农民工政治参与的政策，但农民工在城市政治参与的实际状况依旧很不理想。农民工通常被迫陷入选择城市还是乡村的两难处境，扮演着政治边缘人的角色。他们生在农村，却渴望融入城市，在融入城市的过程中，不但远离自己的家乡，还会受到城市的各种限制，难以实现真正的政治参与，是城市的无政治群体。有调查显示，82.1% 的农民工从未参加过流入城市的公共事务，没有一个人参与过企业的职工代表大会选举，更未曾当选过职工代表（王启明，张非凡，2018）。农民工在城市的政治参与不足，导致他们在政治上缺乏话语权，进而致使他们维权变得非常艰难，增加了社会冲突发生的概率，为我国和谐社会构建埋下了不稳定的隐患。

经过近40年的流动，作为流动人口中占比最高的农民工，其群体数量、结构等发生了重大变化。1995年全国约有8000万农民工在外打工，而到2021年"七普"数据表明外出农民工已经达3.76亿人。新一代农民工逐渐取代老一代农民工成为农民工群体的主体，这种代际转换带来农民工群体的结构性调整引致群体整体的政治价值取向、行为模式以及社会态度发生转变。一方面，随着群体的整体受教育程度的提升，农民工政治参与意识逐渐增强。超过半数的新生代农民工表示他们经常关心国家大事、时事社会新闻等（国家人口与计划生育委员会流动人口服务司，2013），农民工的诉求逐渐由经济诉求转向政治诉求（刘建娥，2014）。另一方面，由于城市社会的政治文化现代化进程走在农村的前列，城乡流动进一步加快了农民工政治文化观念现代化的速度，逐渐从传统顺从型政治文化向参与型政治文化转变，促使其变为更加理性、积极而忠诚的公民。积极的政治参与是参与型政治文化的核心内容（阿尔蒙德，维巴，2014）。故此，政治文化现代化的加速，将带来农民工政治参与需求的增加。

随着新型城镇化的推进，农民工市民化类型出现分化。一方面，城镇化已经形成东部沿海城市的异地城镇化和中西部中心城市的就近城镇化并行的格局。"七普"数据表明，东南沿海持续的人口流入趋势有所变化，中西部中心城市的人口出现明显回流。随着我国社会经济发展和产业转型升级，中西部地区产业承接有效提升了其对流动人口的吸引力，从东部地区向中西部地区流动的农民工人数增加，农民工返乡回流趋势增强（吴瑞君，薛琪薪，2020）。另一方面，从我国农民工自身来看，农民工群体内部出现阶段性分化，一部分农民工已经率先在户籍身份上实现了市民化（从农村户口变为城市户口）。就近城镇化与异地城镇化、未落户与已落户的农民工，进行政治参与所面临的问题各有不同。在这种情势下，不同类型农民工在城市的政治参与状况如何，能否进行有序的政治参与，这些问题是农民工市民化中必须关注和解决的重要问题。因此，在我国新型城镇化背景下，本书从农民工群体自身角度出发，深入探讨农民工政治参与现状及影响机制，总结农民工在政治参与过程中出现的问题，为完善我国民主政治建设、推进农民工市民化提供政策建议。

二、理论背景

农民工市民化问题和政治参与问题已经成为学术界关注的热点，但目前涉及农民工市民化中政治参与的研究还较少。现有研究主要进展和不足表现在：

首先，农民工政治参与的测量尚未达成一致。现有农民工政治参与研究大多以制度化特征为基础将其划分为制度化政治参与和非制度化政治参与。但也有部分研究从政治组织、政治表达、政治监督、政治选举等单一指标测量农民工的政治参与。事实上，农民工在城市制度化政治参与渠道非常少，他们更多采取静坐、罢工、集体上访、集体抗议、自杀威胁等形式的非制度化政治参与去维护自身的权益（任义科等，2016）。如果仅以制度特征为基础对政治参与维度进行划分，很可能会导致研究中出现偏差。因此，有必要基于中国农民工群体特征及农民工市民化特性，重新构建农民工政治参与的测度指标。

其次，已有农民工市民化研究对政治参与重视不够。其一，已有研究大多从制度层面、社会层面、经济层面以及个人特质四方面来研究市民化问题，或从外部制度因素、市民化的意愿、市民化的能力以及个人特征进行分析（刘传江，程建林，2008），或从经济、社会以及心理层面展开研究（张斐，2011）。但农民工市民化既包含制度、社会、经济及个人特质方面的因素，也应该有政治方面的表现。因而，有研究建议把政治参与纳入进来（王桂新等，2008）。其二，现有市民化研究大多借鉴社会融合理论，其理论框架主要从经济融合、文化融合、心理融合、结构融合展开（Gordon，1964；悦中山等，2012），遗憾的是该框架忽略了市民化中的政治层面的因素，但也有少数学者把政治融合纳入到该框架中，关注到了政治参与、政治组织以及政治表达等（杨敏聪，2014）。故有必要对农民工市民化中政治参与展开研究，弥补市民化研究中政治层面的缺失。

最后，现有研究的关注对象主要集中于东部沿海大城市（异地城镇化）、未落户农民工，而对中西部中心城市（就近城镇化）、已落户农民工的关注较少。从我国特殊的国情背景来看，我国城镇化已经形成异地城镇化和就地城镇化并行的格局。全国农民工规模逐渐增加，虽然东部沿海大城市依然是人口流动的主要地区，但随着新型城镇化政策的调整，我国在严格控制东部沿海大城市人口规模的同时，逐渐放宽了中西部中心城市落户政策，促使农民工就近有序城镇化。而根据《国家新型城镇化规划（2014—2020年）》可知，异地城镇化和就近城镇化面临完全不同的制度安排，两地农民工的政治参与状况也会出现较大的差别。同时，随着农民工群体内部出现不同的市民化类型，部分农民工已完成户籍身份的市民化，不同的户籍身份必然会带来不同的政治参与问题和需求。因此，在研究中有必要系统分析和比较不同城镇化类型、不同户籍身份农民工的政治参与问题。

总之，当前我国农民工政治参与相关研究的理论基础和分析比较薄弱，实证研究比较缺乏。本书试图弥补以上不足：理论上，本书将重新构建农民工政治参与的测度指标，揭示目前农民工在城市的政治参与状况，在此基础上对农民工政治参与的影响机制进行深入研究，比较不同市民化类型的农民工群体之间影响机制的差异，以拓展政治参与相关理论与应用研究，扩充完善研究视角与内容。实践上，本书在理论分析和机制研究的基础上，对农民工市民化中政治参与问题进行总结，并对现有相关政策进行分析和讨论，以反思农民工在市民化建设中存在的问题，提出有针对性的政策建议，为政府完善市民化和促进农民工政治参与的政策与制度创新提供思路。

第二节　概念界定

一、农民工

目前学术界将从农村流动到城市的人口冠以"流动民工""进城务工人员""城乡流动人口""农民工"等称谓。"农民工"作为"农民合同制职工"的简称（国务院，1991），具体指保留农民身份但在城市从事非农业生产的人员（贺汉魂，皮修平，2007）。李培林（1996）认为农民工作为一个流动的阶层，在地域上呈现从农村向城市流动、从欠发达地区向发达地区流动的趋势；在职业上呈现从农业向非农业流动的趋势；在阶层上呈现由低收入农业劳动者阶层向高收入职业劳动者流动的趋势。赵智等人（2017）认为虽然就生产资料占有、职业属性和收入结构而言，农民工具备了一定的非农产业工人特征，但也缺乏主人翁地位和阶级意识等传统产业工人的特质。王春光（2005）认为农民工作为一个崛起的新工人阶层，其包括范围更加广泛。本书选择城市外来农村流动人口作为研究对象，并将农民工定义为有农村户籍，在城市从事非农业生产活动或居住的农村外来务工人员。

二、市民化

市民化是一个动态过程，也是一个状态结果。农民工市民化是我国城市化发展的关键阶段，是指进入城市的农民工逐渐在城市环境中向城市居民转变的过程。农民工完成市民化的标志就是获得城市户籍，享有与城市居民同等待遇（王桂新等，2008）。张金庆等人（2015）也认为农民工市民化过程的实质是现代公民身份及其权利的实现，该过程包括观念、行为、权利等多方面的转换，是一项复杂的整体转型工程①。综上，本书将农民工市民化定义为户籍身份转变、逐渐享有均等化公共服务的过程。

三、政治参与

政治参与作为一个专门的政治概念和学术研究领域始于 20 世纪 50 年代。狭义上的政治参与仅被看成是公民合法的政治参与行为，而广义上的政治参与则把公民有关政治的知识、兴趣和效能感等心理和态度也包含在内（孔建勋，肖恋，2018）。关于政治参与的内涵界定，塞缪尔·亨廷顿（1978）的研究最为系统且影响也最为广泛，他在研究发展中国家民主政治时指出，政治参与即普通公民为达到影响政府决策的目的，进而参加一系列政治活动的过程。王邦佐等（2007）认为政治参与不仅包括公民个体，还包括团体。王浦劬（2018）将政治参与定义为公民通过各种合法方式参加政治生活，并影响政治体系的构成、运行方式、运行规则和政策过程的行为。陈振明和李东云（2008）将政治参与定义为公民试图影响政府决策的非职业行为。杨光斌（2011）将政治参与定义为普通公民通过一定的方式去直接或间接影响政府的决定或与政府活动相关的公共政治生活的政治行为。肖滨等（2017）在政治权利视角下把政治参与界定为公民对国家政治生活的参与、介入与影响。本书在研究农民工在城市的政治参与时，主要借鉴肖滨等（2017）对政治参与概念的界定。从权利的视角切入，把农民工政治参与界定为农民工对城市政治生活的参与、介入与影响的行为。

第三节　研究目标

本书旨在将政治参与的相关理论引入我国农民工市民化问题的研究之中，构建一个合适的分析农民工政治参与的指标体系和理论框架，全面系统地揭示农民工政治参与的现状，讨论社会经济地位、市民网络、政治文化、不公平感与政治信息获取对农民工政治参与的作用机制，并为推进我国农民工市民化及提升其政治参与水平提供政策建议。具体研究过程将围绕以下分目标展开。

第一，结合中国特殊社会情境和农民工群体自身特征，构建农民工市民化中政治参与的评估指标，判断农民工政治参与的水平，比较不同市民化类型的

---

① 朱信凯. 从农民到市民：逻辑辨识与制度诱导——读陈昭玖《农民工市民化：意愿与能力的匹配》[J]. 农业经济问题，2017，38（3）：102-104.

农民工政治参与水平的差异。

第二，在农民工市民化背景下，从经济、社会和文化三方面探索农民工市民化中政治参与的影响机制。以资源理论、社会资本理论、政治文化理论、公平理论、相对剥夺理论等为理论支撑，剖析社会经济地位、市民网络、政治文化、不公平感、政治信息获取对农民工政治参与的影响，揭示农民工政治参与的影响机制，并且比较不同市民化类型的农民工政治参与影响机制的差异。

第三，梳理现有相关政策，结合实证研究中发现的主要问题，分析农民工市民化的相关政策，为有序推动市民化及提升农民工政治参与水平提供新思路。

第四节　研究内容与框架

本书基于中国社会特殊情境和农民工群体特征，构建市民化过程中农民工政治参与的测量指标和理论框架，并采用课题组于 2016 年在福建省厦门市和 2017 年在湖南省长沙市的农村流动人口调查数据进行验证，系统研究农民工政治参与的现状和影响机制。本书整体的研究框架与思路如图1-1 所示。根据研究背景，结合研究问题与研究目标进行具体研究，研究内容如下。

第一，对与本研究主题相关的已有理论研究、实证分析进行了梳理、归纳和评述。首先，论文总结了政治参与研究的相关理论，为农民工政治参与的指标构建及其影响机制研究提供理论基础。其次，从农民工政治参与的概念与测量、现状研究和影响因素研究三方面回顾我国农民工政治参与的研究进展。最后，反思农民工政治参与现有研究的不足，立足新的研究视角，指出未来的研究空间。

第二，参考其他人群政治参与的测量指标和我国相关的政策法规，结合中国人口流动情境，基于政治参与理论和现行法律制度，从基本政治活动参与、选举活动参与、自组织参与三方面系统构建农民工政治参与的指标体系。利用实地调查数据，依据所建立的指标体系评估农民工在流入地的政治参与现状。一方面，从基本政治活动参与、选举活动参与以及自组织参与三个维度分析农民工在城市的政治参与总体水平；另一方面，通过比较不同市民化类型（异地城镇化、就近城镇化、已落户、未落户）农民工政治参与的差异，全景式揭示市民化中农民工政治参与状况。

第三，基于给出的指标体系，结合资源理论、社会资本理论、政治文化理论、社会比较理论以及相对剥夺理论等建立一套针对农民工市民化政治参与的分析框架，并得出理论假设。利用实地调查数据，从经济、社会和文化三方面剖析农民工政治参与的关键影响因素，揭示其影响机制，并且比较不同流动距离、不同流动地域的农民工政治参与的差异及影响机制。其一，农民工社会经济地位对政治参与的影响机制研究。三十多年的人口流动不仅改变了农民工的生活和工作的地理空间，而且提升了农民工的社会经济地位，农民工群体内部的社会经济地位分化已经出现。本书从教育、职业和月收入三个维度来分析社会经济地位对农民工政治参与的影响机制，并比较不同流动距离（省内流动、跨省流动）和流动地域（流动到异地城镇化为主地区、流动到就近城镇化为主地区）农民工的异同。其二，农民工市民网络对政治参与的影响机制研究。农民工来到城市后不仅改变了他们的社会经济地位，还导致了他们社会网络的重构，市民网络成为他们在城市中最重要的社会资本。本书从总体市民网络、强关系市民网络和弱关系市民网络三方面来分析市民网络对农民工政治参与的影响机制，并比较不同流动距离（省内流动、跨省流动）和流动地域（流动到异地城镇化为主地区、流动到就近城镇化为主地区）农民工的异同。其三，农民工政治文化对政治参与的影响机制研究。人口流动促使农民工政治文化从传统的顺从文化向现代的参与型文化转变，农民工政治行为能力、政治参与意愿逐渐增强。本书从政治效能感、权威价值观和政治影响三个维度来分析政治文化对农民工政治参与的影响机制，并比较政治文化对不同流动距离（省内流动、跨省流动）和不同流动地域（流动到异地城镇化为主地区、流动到就近城镇化为主地区）农民工的异同。

第四，综合考虑转型社会特征和政策制度环境因素，沿着"政策需求—政策供给—供需匹配—政策设计"的思路，重新审视和梳理影响农民工市民化中政治参与的相关政策与制度，为政策创新提供思路。其一，政策需求分析。基于理论和问题研究的结果，识别出市民化中农民工在流入地与政治参与所面临的主要问题，总结政策需求。其二，政策供给分析。采用内容分析方法，梳理市民化政策、户籍制度（母性制度）以及捆绑在户籍制度上的政治参与政策、选举政策及自组织政策等（载体性制度），结合实证研究发现，解析农民工在城市进行政治参与的制度障碍。其三，政策建议。基于上述政策需求和政策分析的结果，提出包括促进农民工市民化和农民工政治参与的政策建议。

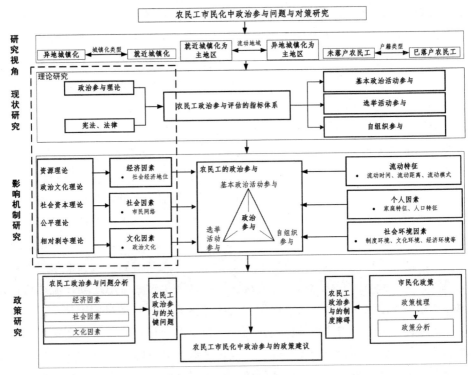

图 1-1　研究框架和思路

第五节　研究视角

本书将宏观的态势和制度政策分析与微观农民工市民化问题相结合。由于中国区域发展不平衡，城市规模和发展水平悬殊，农民工内部存在分化和差异，本书有机整合了"流动地域""流动距离"等空间特征和"户籍"作为不同市民化进程的时间特征，以期从空间和时间两个维度立体地探讨农民工市民化过程中政治参与问题，为促进我国政治民主化发展提供思路和借鉴。一方面，我国的农民工流动是相当复杂的经济社会现象，其流向具有明显的地域分布特征，地区间的差异会带来农民工市民化途径和过程的差异。因此，本书将基于地域差异、流动距离两个空间特征对相关问题进行讨论。另一方面，三十多年的人口流动导致了农民工内部群体的分化，一部分农民工已经率先在户籍身份上实现了市民化（从农村户口变为城市户口），不同的户籍身份必然会带来不同的政治参与问题和需求。因此有必要系统分析和比较不同流动距离、不同流动地域、不同户籍身份农民工的政治参与问题。

流动距离视角。过去的农民工流动主要以远距离跨省流动为主，但随着新型城镇化战略推进，就近、就地的省内迁移农民工规模不断扩大。根据《国家新型城镇化规划（2014—2020年）》可知，异地城镇化和就近城镇化面临完全不同的制度安排，两地农民工的政治参与状况也会出现较大的差别。因此，本书以省为界，将农民工划分为跨省流动和省内流动两种类型。其中，跨省流动农民工属于异地城镇化，而省内流动农民工则属于就近城镇化。在新型城镇化背景下，依据流动范围对农民工群体类型进行细化分类，不仅是系统深入研究农民工市民化的学术需要，同时也是统筹解决农民工市民化问题的现实需要，本书大部分研究问题将引入流动距离视角进行分析，具有重要的现实意义和学术价值。

地域视角。以农民工为主的农村人口的转移和流动是一个十分复杂的经济社会现象，其流向具有明显的地域分布特征。近年来，由于东部沿海城市劳动力、土地等要素成本上升，资源加工型和劳动密集型产业逐渐向中西部转移，全国的人口流向由以往的东南沿海单向集中向内陆中心城市集中转变，中西部输出大省的外出务工人口开始回流。城镇化已经形成东部沿海大城市的异地城镇化和中西部中心城市就近城镇化并行的格局。中西部城市与东部沿海城市在人口结构、产业结构、经济发展水平、社会保障制度等方面均存在明显的差别，不同地区农民工在市民化过程中政治参与状况会出现较大的差别。因此，本书引入地域的视角进行比较分析，深入剖析不同城镇化地区农民工政治参与状况。

户籍视角。随着农民工群体内部出现不同的市民化阶段，部分人已完成户籍身份的市民化，不同的户籍身份必然会带来不同的政治参与问题和需求。因此，本书引入户籍视角把农民工划分为"未落户农民工"和"已落户农民工"。具体而言，一方面，将户籍仍在农村，但在城镇工作生活或在农村与城镇之间流动的农业人口——是目前农民工的主体——称为"未落户农民工"；另一方面，是原来户籍在农村，后来由于在城市工作或因为承包地、宅基地被征用等，主动或被动地把户口由农村转到城市的人口，称为"已落户农民工"。

第六节　章节安排

本书的研究内容共分为四篇，十二章，其中第一至三章构成书的第一篇总论，第四至六章构成书的第二篇市民化中农民工政治参与的指标构建与现状研究，第七至九章构成书的第三篇市民化中农民工政治参与影响机制研究，第十至十二章构成书的第四篇市民化中农民工参与的政策研究。

第一章为绪论。主要介绍本书的研究背景、概念界定，研究目标、研究内容与框架、研究视角和章节安排。

第二章为文献综述。主要对国内外主要理论和研究成果进行系统的梳理、总结和评述。首先，回顾政治参与研究的相关理论，为本书的研究提供理论基础。其次，梳理农民工政治参与的概念及测量、现状与影响因素等的研究进展。最后，对相关研究进展进行总结和评述。

第三章为调查总体情况。本章介绍调查地的选择与概况、调查构成与调查内容、调查的抽样过程、调查的实施、数据质量控制与评价以及样本信息。

第四章为农民工政治参与的指标体系构建。首先，梳理农民工政治参与的定义。其次，根据我国现行的法律和农民工群体的特点，总结农民工政治参与的维度。最后，基于农民工政治参与的维度划分，结合中国现实情境，构建农民工政治参与的指标构建。

第五章为农民工政治参与总体水平的现状分析。基于第四章的指标体系，剖析农民工政治参与的总体水平，从基本政治活动参与、选举活动参与和自组织参与三个维度分析农民工政治参与状况，并初步探讨农民工政治参与三个维度之间的关系。

第六章为农民工政治参与在市民化进程中的差异研究。首先，比较就近流动（省内流动）和远距离流动（跨省流动）两类农民工群体政治参与的差异。其次，比较流动到以就近城镇化为主地区（长沙市）和流动到以异地城镇化为主地区（厦门市）两类农民工群体政治参与的差异。最后，从户籍身份的角度，比较已落户农民工群体和未落户农民工群体政治参与的差异。

第七章为经济社会地位对农民工政治参与的影响机制研究。基于资源理论，本章提出社会经济地位对农民工政治参与的影响机制，利用本研究的调查数据对该影响机制进行验证，并比较不同流动距离和不同流动地域农民工群体影响机制的差异。

第八章为市民网络对农民工政治参与的影响机制研究。基于社会资本理论、社会比较理论和相对剥夺理论，本章提出市民网络、不公平感、政治信息获取对农民工政治参与的影响机制，利用本研究的调查数据对该影响机制进行验证，并比较不同流动距离和不同流动地域农民工群体影响机制的差异。

第九章为政治文化对农民工政治参与的影响机制研究。基于政治文化理论、公平理论，本章提出政治文化、不公平感对农民工政治参与的影响机制，利用本研究的调查数据对该影响机制进行验证，并比较不同流动距离和不同流动地域农民工群体影响机制的差异。

第十章为市民化中农民工政治参与的问题与发现。本章基于理论与实证研究的发现，总结农民工在市民化进程中政治参与面临的主要问题。

第十一章为市民化中农民工政治参与的相关政策。本章对现阶段行使的新型城镇化与市民化政策、户籍政策、政治参与政策、选举政策以及自组织政策五方面进行梳理，并结合研究发现，对未来有关政策改革的重点进行讨论。

第十二章为市民化中提升农民工政治参与的政策建议。基于本书的实证结论、现行相关政策分析结果，提出促进农民工市民化、政治参与的政策建议。

第二章

文献综述

首先，本章对国内外政治参与的相关理论进行系统的阐述。其次，本章对农民工政治参与的研究现状进行综述。最后，本章就现有研究情况进行评述。

第一节　相关理论

国内外学者基于不同理论基础对政治参与进行了不同侧重的研究：政治参与理论为政治参与概念的解析提供了支持；资源理论、社会资本理论、政治文化理论则解释了影响公民政治参与的原因；社会比较理论和相对剥夺理论从弱势群体出发，为剖析弱势群体政治参与的影响因素提供理论基础。

一、政治参与理论

马克思、恩格斯关于政治参与理论的相关阐述，为我国政治参与研究奠定了理论基础。马克思、恩格斯政治参与理论主要包括以下观点：其一，经济与政治不可分离。经济基础决定上层建筑。人类社会的物质生产方式制约着整个政治生活、精神生活和社会生活。同时，对经济利益的追求是政治的最终诉求。人们进行政治参与的最终目的是追逐经济利益（马克思，恩格斯，1995）。其二，马克思在论述国家权力时强调，国家权力属于市民。市民社会独立，公共权力最终要回归民众之手（马克思，恩格斯，1957）。社会是由人组成的，市民社会决定政治国家。市民社会中的公民就是将政治国家的权力收回到自己手中，通过"人民管理制"的直接政治参与方式，公民可以选举自己的代表、进行个别政治参与、加入政权领导下的各种社会团体来参与到国家的公共事务管理活动中，成为国家的主人（张杰，2019）。其三，马克思和恩格斯（1972）指出，人的全面发展是社会主义国家进行政治参与的最终目的。换言之，人民较高程度的政治参与是人的自由全面发展和全人类解放的前提条件（贾帮飞，2018）。

市民社会的成员就是通过政治参与，逐步改善政治国家和市民社会的关系，最终实现全体成员自由而全面的发展和全人类的解放。

马克思和恩格斯关于政治参与理论的研究是建立在科学的世界观和方法论之上的，具有时代的选择性和发展的合理性（崔慧慧，2022），成为我国研究政治参与的重要理论基础之一。我国不断借鉴与发扬马克思、恩格斯关于政治参与理论的重要论述，以推进我国政治民主化与法治化建设。习近平总书记强调要充分发挥社会主义制度的优越性，扩大公民有序参与政治，并且在党的二十大报告中明确提出，发展全过程人民民主，保障人民当家作主。充分说明保障公民有序政治参与和建设民主政治国家的重要性。因此，充分借鉴马克思、恩格斯的政治参与理论，将其应用于我国农民工政治参与的研究中具有重要的理论指导意义。

二、资源理论

资源理论（resource theory）为解释政治参与提供了重要理论基础。社会经济地位被认为是资源理论的核心，主要包括教育、职业和收入（Mcallister et al.，1992）。社会经济地位能够对移民的政治参与产生重要影响（Lamare，1982）。资源理论认为社会经济地位影响人们的政治参与主要通过影响个人的政治资源和心理资源实现，社会经济地位越高则人们政治参与的可能性就越高（Beeghley，1986）。

政治资源包括个人参与政治活动所必需的金钱、教育、时间、精力以及对自由的渴望等（Beeghley，1986）。首先，金钱是所有政治资源中最重要的（Beeghley，1983）。因为金钱能够为家庭购买报纸、电视或其他平面媒体，使家庭获得相应的政治信息。同时，因为金钱的限制，穷人接触政治活动、进行政治动员、参与政治选举的可能性极低（Zipp et al.，1982）。其次，教育水平在一定程度上反映人的政治行为能力（阿尔蒙德，2014），政治行为能力直接制约人们的政治参与能力。最后，职业反映出个人拥有的时间与精力。现有研究指出，从事体力劳动的人常因为工作感到疲惫，没有时间和精力参与政治活动；从事非体力劳动的人常感到精神上疲惫而非身体上疲惫，因而有一定的时间和精力参与政治活动（Beeghley，1986）。

心理资源主要指政治效能感、政治知识、政治关心、民主意识、信任以及公共责任感等（Beeghley，1986；蒲岛郁夫，1989；亨廷顿，1989）。资源理论认为社会经济地位较低的人，其政治影响力相对较低（Miller et al.，1980）。一方面，因为社会经济地位较低的人难以主宰自身命运，他们一旦被解雇很难获取失业赔偿；另一方面，由于缺乏足够的经济资源，该部分人的居住稳定难以保证，从而影响其对自身政治行为能力的评价，降低其参与政治活动的可能性（Beeghley，1986）。但是，已有实证研究中却发现了两种相反的结论：其一，随着教育水平、收入水平、职业阶层的提升，公民政治参与的可能性增大（Berger et al.，2004；Bueker，2005），该结果完全符合资源理论逻辑。其二，部分研究发现教育水平、收入水平、职业阶层越高的公民政治参与的可能性越低（Seo，2011）。

三、社会资本理论

社会资本理论也为研究政治参与提供了独特的理论视角，研究普遍认为公民的政治参与及参与意愿受到社会资本的显著影响。不同学者从网络组织、社会交往、价值观念、行为规范、互惠信任、资源占有等不同方面界定了社会资本的概念。Portes（1998）认为社会资本作为现实或潜在的资源集合体，与集体拥有的部分关系网络有关。Coleman（1988）则认为按照社会资本的功能将社会资本定义为个人拥有的社会结构资源。Putnam（1994）认为社会资本就是社会组织的特征，如网络、规范和信任，它们有利于人们为了共同利益而进行协调合作，提高了投资于人力资本、社会资本的收益。林南（2005）认为社会网络和社会关系为社会资本提供了资源，社会资本的概念包括三种成分：一是嵌入社会结构的资源；二是个人获得社会资源的能力；三是动员使用社会资源的有目的的行动。通过整理社会资本的概念界定我们不难发现，"网络资源、相互信任、合作行为"是社会资本概念的核心内容（Durlauf, Fafchamps, 2004）。

基于对社会资本的不同概念界定，学者们选择测量社会资本的指标也不同，常使用的指标可归结为网络位置、关系强度和嵌入性资源（网络资源、关系资源）三类（张文宏，2003）。以往社会资本与政治参与的研究，大多是从社会网络来测量，公众居于特定社会结构之中，通过非正式、正式的途径参与构建自身的社会网络，其社会网络越广泛，越可能获取高质量的关系资本，越能接收丰富信息，从而影响公民的政治信任和政治参与行为（雷叙川，赵海堂，2017）。公民获得社会资本离不开社会交往和组织参与，公民参与的社会网络主要包括邻里、业主团体、工作团体和社区团体等，涵盖社会多个阶层，反映不同阶层网络成员的意见与诉求，这些社会网络都是社会资本的基本组成部分（徐延辉，刘彦，2018）。Pattie 等人（2013）分析了公民规范和个人动员对参与政治活动的作用，发现个人的参与受到"熟人圈子"中其他人和邻里的影响，当地环境越鼓励参与，个人越有可能参与。Duin 等人（2013）则基于欧洲六个城市的"温室调查"数据，对这些城市的社会网络和政治参与进行了定量研究，发现广泛的社会网络成员比其他人更有可能参与政治，与其他群体（特别是族裔间群体）有密切联系的群体成员参与政治活动的积极性更高。Durlauf 等人（2004）认为社会资本是基于网络过程形成的行为规范和人与人之间的信任，能够促进好的经济和社会结果产生。帕特南（2001）更是将社会资本划分为"关系网络、组织参与、社会信任"三个维度，即在关系网络的基础上，人们形成了普遍的互惠规范，建立了普遍的社会信任。Putnam（1995）将社会资本与民主制度相联系，认为社会资本在推动公民政治参与、政府绩效提升、社会民主发展、国家实现善治等方面发挥着积极作用。

四、政治文化理论

20 世纪 50 年代美国著名政治学家阿尔蒙德首次提出了政治文化的概念，他把政治文化定义为对政治体系及各个方面的态度和对在这个体系中自我角色的态度，是一种特定的政治取向（阿尔蒙德、维巴，2014）。具体而言，政治文化是指被社会成员内化于认知、情感和评价之中的政治体系（阿尔蒙德、维巴，2014）。阿尔蒙德从认知、情感和评价这三个政治取向出发把政治文化区分为村民型文化、臣民型文化和参与型文化。不同的政治体制造就不同的政治文化类型，不同的政治文化类型附着不同的规范、价值、信念和态度（阿尔蒙德，维巴，2014）。村民型文化又称地域型政治文化，是指独立存在于一定地理范围内的、不与或很少与其他地区发生互动与交换关系的简单型政治文化，处于这类政治文化的人们大多表现为政治冷漠，对政治系统没有期望，也感受不到政治系统对他们的影响（阿尔蒙德，维巴，2014；李月军，侯尤玲，2000）。臣民型政治文化又称顺从型政治文化，是指人们高度顺从于政治系统本身和系统的输出方面，在输入对象和自我主动参与方面不积极的一种顺从型政治文化，处于这类政治文化的人们大多表现为对政府权威的认可，习惯于服从政治体系的安排，自我的参与性不足（阿尔蒙德，维巴，2014；李月军，侯尤玲，2000）。参与型政治文化又称为民主型政治文化，是指人们对政治系统的整体及系统的输入和输出方面都处于积极的取向，处于这类政治文化中的人们对政治体系是一种积极参与的取向（阿尔蒙德，维巴，2014；李月军，侯尤玲，2000）。在阿尔蒙德的政治文化理论中强调，在现实世界中，纯粹的村民型政治文化和纯粹的臣民型政治文化已经很少见了，而参与型政治文化是一种附加文化，它是叠加在前两种文化之中的。现实世界的政治文化是三种政治文化的混合，如村民—臣民型文化、臣民—参与型文化和村民—参与型文化等（阿尔蒙德，维巴，

2014）。

国内学者对政治文化概念进行了不同角度的解读。王沪宁（1987）提出政治文化是政治活动中的一种主观意识领域；张小劲等（2001）认为政治文化包括一国居民当时所盛行的态度、信仰、价值观和技能；柴宝勇和黎田（2020）对政治文化概念进一步扩充，即指人们在长期的社会生活和实践中所形成的各种政治思想、理论、价值观念等的总积淀。也有学者把政治文化从狭义和广义两方面进行剖析，从狭义上看，政治文化则是指由政治心理、政治态度、政治意识等层面组成的观念体系（朱晓进，2006）。广义上的政治文化则是涵盖范围广泛的特殊统一体，它既包括在特定文化环境下形成的民族、国家、阶级、集团等规定的政治体系、制度和规范，又包括人们对于政治现象的态度、观念、价值观和学说理论（权麟春，2020）。

政治文化产生于特定的政治环境，对整个国家和民众个体都有深刻的影响。一方面，对于国家而言，政治文化是国家政治体系的心理层面，现代政治文化与国家治理能力现代化相适应，是文化现代化的政治产物，两者互惠共生（张波、李群群，2020）。另一方面，政治文化作为联结文化认同和政治认同的中介，能够促进民族成员确认身份，从而达成政治共识，进行合作（权麟春，2020）。具体而言，民众主动接受政治文化熏陶，提高对政府的政治信任，通过政治社会化提升自身政治能力，实现从"社会人"到"政治人"的转变（张波、李群群，2020）。已有研究也证明，政治文化对人们的政治参与有着重要影响，即政治文化是人们政治行为的深层原因，政治文化支配着人们的政治行为（孙景珊，2009；金华，2011）。

五、社会比较理论

1954 年，美国社会学家 Festinger 最早提出社会比较理论。该理论认为人类具有评价自身能力和观点的需要，当外部缺乏客观的评价标准时，他们会选择他人的能力和观点作为参照进行评价（Festinger，1954）。继 Festinger 之后，Schacher（1964）对社会比较理论进行了拓展，将社会比较的维度从能力和观点延伸到情绪，即当人们对自己的情绪状态无法进行判断时，也会进行社会比较。Suls（1997）首次对社会比较进行了概念界定，提出社会比较就是个体通过与其他人进行比较，以此作为自我评价和判断的标准。简而言之，社会比较就是把自己的处境和地位与他人进行比较的过程（邢淑芬，俞国良，2005）。

从社会比较的类型来看，社会比较分为平行社会比较、上行社会比较、下行社会比较和建构性社会比较四类，并且这个分类已被学界广泛接受。平行社会比较即 Festinger（1954）最初提出的个体选择与自身相似的人进行能力和观点的比较；上行社会比较最早由 Wheeler 等人（2002）提出，认为个体喜欢和比自己高级的人进行比较，以此找到自身差距，达到自我进步的目的。上行比较还可能有另外一种结果即通过比较后产生落差，产生自卑感等消极的自我评价情绪（邢淑芬，俞国良，2005）。这就是 Collins（1996）提出的上行比较产生的同化效应和对比效应；下行社会比较是指个体倾向于与不如自己的人进行比较，以此维护自尊和幸福感（Wills，1981）；建构性社会比较与平行社会比较、上行社会比较和下行社会比较不同，其比较对象是个体根据自己的想象在脑中建构的，不是与现实中的人进行比较（邢淑芬，俞国良，2005）。

六、相对剥夺理论

相对剥夺理论也称局部比较理论，由美国学者 Stouffer 于 1949 年最早提出（Stouffer，1949），后经默顿发展，成为研究群体行为的经典理论。该理论认为，当人们将自己的处境与某种标准或某种参照物相比而发现自己处于劣势时，会产生不同程度的被剥夺感，这种感觉会产生消极情绪，此时人们经常表现为愤怒、怨恨或不满（徐慧等，2019）。这种主观感觉来源于与他人进行比较，是个体对自身所处不利地位的一种感知（苏群等，2016），会严重影响个体对生命质量的自我评价。一般来讲，相对剥夺具备四个前提：该个体不拥有×；该个体知道其他个体拥有×；该个体想要获得×；该个体相信获得 X 是现实的（徐慧等，2019）。可见，社会剥夺理论归根结底是人们对于获得某种事物的感知是否公平。当个体与他人进行比较后，如果他人获得某种事物，而自身未获得，这时他们会觉得其处于劣势地位，进而产生消极情绪，产生相对剥夺感。

相对剥夺理论与公平理论相似，都强调社会公平感，其产生源于个人的价值期望与价值能力之间存在落差（牛静坤等，2016）。具体而言，相对剥夺指的是在与其他地位较高、生活条件较好的同类群体比较，人们由此产生的一种需求得不到满足的心理状态（李强，2004）。在我国，学者们通常将相对剥夺理论应用于贫困、农民问题、医疗卫生等社会热点研究，其中关于农民问题的研究取得了重大进展，为改善农民在城市化进程中的不公平待遇提供了建议（刘琦，2013）。比如，我国学者胡军辉（2015）研究了相对剥夺感与农民工市民化意愿之间的影响，提出要在城市中倡导客观、公正、包容性的社会舆论导向。梁枫和任荣明（2017）基于相对剥夺感，对群体性事件动机进行了城乡对比研究，提出要保障资源分配和社会选择的公平，增加农民收入，以促进中国城乡社会稳定。

第二节　农民工政治参与的相关研究

我国政府和学界长期关注农民工市民化进程中的劳动参与、经济参与等，但对农民工政治参与的关注较少。农民工群体本应与我国其他公民一样进行平等的政治参与，却长期面对由于先赋身份不平等导致的政治参与受阻的现实。现阶段农民工阶层已经发生结构性变化：一是其基本参与难保证促使其政治诉求的觉醒；二是以新生代农民工为代表的农民工群体的政治参与需求日益增长（周庆智，2016）。本节将围绕农民工政治参与的概念、测量和实证研究成果对农民工的政治参与研究进行系统性梳理总结，发现其研究的局限性。

一、农民工政治参与的概念及测量研究

从政治参与的概念来看，缪塞尔·亨廷顿（1978）提出，政治参与即普通公民为达到影响政府决策的目的，进而参加一系列政治活动的过程。王邦佐（2007）认为政治参与是全体公民参加并影响政府活动的过程。王浦劬（2005）对政治参与的概念范围进行了限制，认为公民通过各种合法的方式，并影响政治体系的构成、运行方式、运行规则和政策过程的行为。陈振明和李东云（2008）将政治参与定义为公民试图影响政府决策的非职业行为。杨光斌（2011）将政治参与定义为普通公民通过一定方式去直接或间接影响政府的决定或者与政府活动相关的公共政治生活的政治行为。

当前农民工政治参与的测量指标较为多元。现有研究普遍认为政治参与主要包括制度化政治参与和非制度化政治参与两种方式（Kaase，1999），且多数实证研究都基于制度化和非制度化政治参与两个维度测量农民工政治参与。其中，制度化政治参与主要有投票选举、信访等。而非制度化政治参与一般包括群体性事件、集会抗议、暴力对抗等。二者之间具有一定的内在联系，即若农民工制度性政治参与需求长期未被满足，非制度性政治参与便成为其实现利益诉求的重要选择（朱煜等，2012）。陈云松（2013）则在此基础上提出了政治参与的三种方式：高制度化政治参与，一般是指在一定的制度约束范围内，通过合理合法的方式所进行的政治参与；低制度化政治参与，是一种介于高制度化政治参与和非制度化政治参与之间的一种方式，通常是指没有硬性的法律法规约束，通过接触政府官员向他们反映自身政治权益需求，或者是在主流媒体上依法反映自己政治诉求的行为（肖唐镖，易申波，2016；徐延辉，李明令，

2021）；非制度化政治参与，通常是指那些抗争型的政治参与（陈鹏，臧雷振，2015），指的是公民通过一些制度之外的、非法渠道所进行的政治参与。还有少部分研究从政治组织、政治表达、政治监督、政治选举等指标测量农民工的政治参与。宋玉军（2006）认为农民工自组织权利缺失是其长期处于弱势地位的原因。农民工群体组织化程度低导致其难以成为政治参与主体（杨莉芸，2013）。刘翠霄（2005）指出由于农民工缺乏代表自身的组织和反映诉求的渠道，导致其政治话语权在政府决策层面的体现微弱。戴长征等人（2015）强调农民工政治监督的重要性，认为切实有效的监督对保障农民工合法权益、扩大公民有序政治参与、实现高质量的政治发展具有关键作用。朱小龙（2015）则从选举权利维度出发，认为选举是国家民主政治要事，选举投票是农民工作为政治主体实现自身权益的重要方式。

二、农民工政治参与的现状研究

据现有研究显示，当前我国农民工政治参与的实现情况不容乐观，总体呈现出政治参与途径缺失、政治参与边缘化的特征。

首先，农民工总体政治参与实现程度低，政治参与长期处于缺位状态，缺乏有效的政治参与。除极少数农民工代表有过真正意义、完整意义上的政治参与实践外，绝大多数农民工的政治参与都是处于"无序"状态或者说"无暇"政治参与状态（刘五景，杨黎红，2019）。自改革开放以来，我国新兴群体中分化出较为强势的私营企业主群体和较为弱势的农民工群体，两者的政治参与情况存在明显差异（王明生、杨涛，2011）。私营企业主群体多采用制度化的政治参与方式，如加入政党、工会组织，成为人大代表或者政协委员，而农民工群体由于制度化政治参与渠道不畅，经常选择非制度化的政治参与方式，如集体罢工、上访、暴力活动等。通过与私营企业主群体的比较，更能体现出农民工群体面临着政治制度性参与边缘化、政治组织建设落后等现实困境（于扬铭，2016）。

其次，农民工选举活动参与缺失严重。现有实证研究发现我国农民工参与选举活动的投票率总体较低。王小军（2016）以广州市流动人口为例，指出2011年广东省广州市已登记的流动人口为800多万，但仅有5万多人参与广州市的村（居）委会选举，选举比例不足1%。程遥等人（2008）通过整理河北省邢台市、山东省济南市等地的农民工问卷调查数据发现，52.2%的农民工没有参加过人大代表选举投票，只有29.7%的人曾在工作地参与投票。《2019年农民工监测调查报告》数据显示，我国农民工总量于2019年已接近3亿人，但无论从全国范围内还是从各省市人大代表组成来看，农民工人大代表所占的比重很低。由此可知，当前我国农民工的选举活动参与情况总体不高（朱小龙，2015）。

最后，农民工的自组织参与实现较差，农民工总体组织化程度不高。农民工分散状态造成群体政治参与渠道缺失和参与效率低下导致了恶性循环（钱星辰，2022）。依托组织力量是农民工表达自身诉求、进行政治参与的重要方式。有学者指出农民工作为规模庞大的流动阶层，却长期处于弱势地位，其原因就是未形成一个维护自身利益并与政府进行有效沟通的社团组织（宋玉军，2006）。由于缺乏集体性的维权正式组织，在涉及有关自身利益的事务时，农民工薄弱的整体话语权导致其难以维护自身权利（周庆智，2016）。现有研究表明，我国农民工的自组织参与程度较低且尚未得到良好保障。一方面，农民工加入工会等正式组织的比例低，中国 2 亿多农民工加入工会的比例还不足三分之一（陈菊红，2013）。同时，现在我国仍存在相当一部分非公有制企业没有建立农民工工会。即使在建立工会的企业中，农民工的工会参与率也并不高（吴丽萍，2010），对工会的职能、作用认识也不全面、态度依然较为冷漠（路旭东，2017）。另一方面，现有组织功能难以满足农民工的现实保护需要。有调查发现农民工加入的组织主要是"老乡会"，这与他们自发性流动的特征有关，面对无法融入城市社会的情形时，农民工群体往往依靠地缘、血缘等方式寻求组织庇护，以加入"老乡会"的形式获取自我认同（杨莉芸，2013），但这类组织依然被排除在体制外，难以给予农民工制度化的保护。同时，我国很多工会从性质上看，并不是由工人自发组织的，而是由上级组建的，其在人事和财务上都隶属于上级单位（刘春泽，2015）。工会的不独立也使之难以真正发挥维护劳动者合法权益的作用。虽然工会、共青团、妇联等组织的职责范围强调代表农民工的利益，但实际上并没有满足农民工的现实保护需求（华锋，2017）。

三、农民工政治参与的影响因素研究

本部分主要从社会层次和个人层次总结了农民工政治参与的影响因素。

（一）社会层次因素

目前，学术界关于影响农民工政治参与社会层次因素的研究主要集中于制度环境和新媒体网络上。

1. 制度环境是影响农民工政治参与的根本性因素

已有研究发现城乡二元户籍制度会限制农民工政治参与的实现，成为影响

农民工政治参与最实质性、最根本的政治制度因素（丁云，顾韵婷，2017）。首先，户籍制度的区隔使农民工的政治角色处于双重边缘化的尴尬地带。他们既无法完全融入城市参与到社区政治生活中，又因远离户籍所在的乡村社会而无法进行政治参与（胡荣，陈诗颖，2022；朱彬彬，朱文文，2006）。已有研究发现，尽管国家和政府出台了诸如城乡同比选举人大代表制度、完善信访制度的政策，但由于城乡二元户籍制度制约，农民工群体仍难以进行有序、合法的政治参与（丁云，顾韵婷，2017）。农民工若想在城市参与政治活动必须冲破户籍壁垒（朱彬彬，朱文文，2006）。其次，由于我国现行选举制度与户籍制度息息相关，导致我国农民工选举参与概率非常低（张伯伦，2017）。根据我国现行选举法规定，我国选区划分是以居住地为主，生产、事业、工作单位为辅，而居住地又以户籍地为划分标准。因此，在选举实践中，绝大部分农民工由于经济和时间两方面的限制，既无法在选举期内回到户籍地投票，也因缺少选民资格证明和与用人单位之间不稳定的雇佣关系而无法在流入地参与选举（丁云，顾韵婷，2017）。虽然《中华人民共和国全国人民代表大会和地方各级人民代表大会选举法》乃至地方政府的选举法实施条例对于农民工选举权的规定日益完善，如2012年民政部出台的《关于促进农民工融入城市社区的意见》中明确规定"进一步完善社区民主选举制度，探索农民工参与社区的选举的新途径，在本社区有合法固定住所、居住满一年以上、符合《中华人民共和国城市居民委会组织法》选民资格条件的农民工，由本人提出申请，经社区选举委员会同意，可以参加本社区居民委员会的选举"。但是法律的具体贯彻实施仍受到现有城乡户籍制度的影响（朱小龙，2015）。绝大多数农民工的选举活动参与依然受到户籍制度的制约，呈现出城市、乡村双重边缘化的状态（迟艳艳，2020）。最后，户籍制度限制了农民工社团意识的培养和工会组织的建设成长，导致农民工自组织参与的缺失。城市社会组织结构较为封闭，且仅向城市居民开放，故农民工经常被排斥在城市各类正式组织外（吴丽萍，2010），处于一种体制内不容纳，体制外非组织化的尴尬境地（周庆智，2016）。

2. 新媒体网络已经成为影响农民工政治参与的重要因素之一

一方面，新媒体网络为农民工进行政治参与提供了新的方式和途径，扩展了农民工政治参与范畴。媒体网络创新了农民工政治参与的形式，农民工借助媒体网络空间的支撑作用，在参与方式与内容上有不断增添之势，呈现一定的聚合性、发酵性，使农民工政治参与变得随机化、简单化、多样化和情景化（周柏春，江雪薇，2019）。农民工可以利用电子投票、网络政治性论坛、政治博客、网络结社等新型方式参与国家政治生活（何正玲，刘彤，2011），农民工的政治参与得到了更好的保障。此外，中国大众传媒的基本功能是党和政府的代言人，发挥着政治宣传的积极作用，对我国公民的基层投票行为具有动员作用（李丹峰，2015）。电子投票打破了地域距离、经济条件对农民工选举投票行为的限制（严冬，2014），这种投票方式为政府与群众沟通、了解民意提供了新途径。

另一方面，新媒体网络也在一定程度上限制了农民工政治参与的发展。虽然网络给农民工参与政治提供了自由开放的场所，但是网络领域缺乏道德和制度的约束，不负责的言论会侵害他人的正当权益，且网络表达群体化易引发群体性事件（张小兵，2009），农民工群体极易受到不良舆论导向产生"网络暴政"，这不利于农民工正确进行政治参与。

（二）个人层次因素

现阶段，学术界关于影响农民工政治参与的个人层次因素的研究主要集中于经济收入、受教育程度、社会资本、政治文化、个人特征等。

1. 社会经济地位对农民工政治参与产生关键作用

其一，研究发现经济收入越低，农民工政治参与的可能性越低。部分农民工虽然具备参与政治的意愿，但长期工作居于基层一线，超额的工作时长，高压的劳动强度，较低的经济收入及较弱的抗风险能力，使其缺乏参与政治的时间和精力（戴长征，余艳红，2015）。同时，多数农民工的社会地位仍处于社会的最底层，他们发出的声音很难受到外界的重视（迟艳艳，2020）。但也有研究得出不同的结论，月收入越高的农民工，政治参与水平反而越低（陈旭峰等，2010）。其二，农民工进行选举活动参与受到自身的物质条件及经济水平的影响。臧雷振等（2012）利用"经济投票"理论对我国农村基层民主选举行为进行分析，发现社会经济地位主要通过经济状况和主观社会地位来影响人们的投票行为，认为"经济发展比民主重要"的公民更愿意参与投票。但是总体而言，我国农民工选举参与概率偏低，一方面，选举作为国家民主政治的要事，需要国家坚实的财务支持，但是政府层面缺乏相关政策出台（朱小龙，2015）。另一方面，农民工作为选举者或者被选举者，参与选举都需要花费一定的时间和金钱，并要经过工作单位的同意，这使得其回乡参与选举的成本过高，而农民工在城市中本身承受着比城市居民更大的经济压力，如缴纳房租、供养孩子等费用，过大的经济压力往往会使农民工放弃参与选举投票的机会（刘茜，杜海峰，2017）。其三，经济社会地位对农民工进行自组织参与有重要的促进作用。已有研究发现，农民工工资收入越高，社会交往能力越强，参与各种组织活动可能性就越大（卢国显，2010）。

2. 受教育程度也是影响农民工政治参与的重要变量之一

研究发现农民工整体文化素质偏低限制了他们政治参与的广度和深度（李桃，王志刚，2006），致使其政治参与难以进行。教育程度较低使得农民工缺乏应有的政治知识和技能，限制了其政治行为能力（聂月岩，宋菊芳，2010），教育程度越低的农民工政治参与的可能性越低。同时，农民工受教育程度的提升也能够有效帮助新生代农民工理解现行的法规政策，一定程度上消除其进行政治参与的自卑感，推动农民工从"旁观者"向"参与者"的身份转变（丁云，顾韵婷，2017）。即随着教育程度的提高，农民工的政治参与概率增大。此外，也有研究发现了相反的结论，即教育程度越高，农民工政治参与意愿越低（白萌等，2012），新生代农民工受过中等教育者的政治参与水平最高（罗竖元，2013）。

3. 社会资本对农民工政治参与有重要的影响

研究发现农民工与市民交往形成的关系网络能够有效促进农民工的政治参与（孙秀林，2010）。农民工拥有的社会资本越丰富，其政治参与的可能性越高（刘建娥，2014），并且强关系对农民工的政治参与具有正向作用，弱关系对农民工的政治参与具有负向作用（陈旭峰等，2010）。此外，女性农民工的政治参与意愿会随着社会网络规模扩大、本地市民数量增长而明显提升（白萌等，2012）。

4. 政治文化是解释农民工政治参与的重要因素

其一，传统政治文化限制了农民工的政治参与（朱彬彬，朱文文，2006），即受到传统小农思想的影响，人情观念、官本位观念等传统观念较重，大多农民工会认为自己在选举投票、参政议政等政治生活中扮演的角色太轻，对政策的过程或者结果不会产生实质性的影响，容易产生政治冷漠的态度，进而不愿进行政治参与（李奋生，2015）。其二，政治效能感、政治关心、政治价值观等对农民工政治参与行为有重要作用（万斌，章秀英，2010）。即政治效能感越低，农民工政治参与积极性越低，政治参与行为发生的概率越低（邓秀华，2009；王立梅，胡刚，2006）。其三，农民工对政府态度的感知明显影响了其政治参与。农民工对政府友好感、公平感越高，农民工政治参与的可能性越大；感受到的政治排斥感越强，农民工政治参与的可能性越小（陈旭峰等，2010）。

5. 流动经历、代际、性别、党员身份等因素也是影响农民工政治参与的重要因素

其一，城市流动经历能够在一定程度上提升农民工的政治参与意愿，但也可能使农民工形成极端的政治意识（蔡华杰，2006；陈旭峰，田志峰，钱民辉，2010）。其二，农民工的生活环境和成长经历决定他们的需求层次，老一代农民工主要追求的是利益层面的需求，而新一代农民工除此之外还要寻求自身的发展，其追求上升到价值层面，因此两者的政治行为也存在较大的差异（刘春泽，2015），新生代农民工比老一代农民工有更强烈的政治参与意愿，但是老一代农民工比新生代农民工政治参与行为更多（杜海峰等，2015）。其三，女性农民工较男性农民工的政治参与意愿更强烈（白萌等，2012），但是女性农民工由于"女性"和"农民工"的双重身份，在城市社会中极易遭遇不平等待遇，面临同工不同酬、就业面窄且层次低、社会保障机制缺失等问题（石伟伟，2011），物质基础和制度保障的缺乏导致女性农民工较男性农民工更难进行政治参与。其四，具有党员身份的农民工政治参与的可能性比非党员身份的农民工更高（刘建娥，2014）。

第三节　研究评述

本章主要从政治参与相关理论和农民工政治参与研究两方面进行了文献梳理，发现当前农民工政治参与研究有如下特点。

首先，本章回顾了政治参与研究的主要理论，一方面，政治参与理论是政治参与概念构建和指标设计的基础理论，为政治参与概念的解析提供了支持。另一方面，资源理论、社会资本理论、政治文化理论、社会比较理论与相对剥夺理论是政治参与主要的解释理论，其中资源理论从经济层面揭示农民工政治参与的形成；社会资本理论则是从社会层面，从农民工与市民社会交往互动的角度剖析农民工政治参与的实现；政治文化理论是从文化层面对我国政治文化转型期农民工政治参与实现的一种解读；社会比较理论和相对剥夺理论则是从社会公平正义的角度，探索农民工政治参与的机制。

其次，从农民工政治参与的研究进展来看，现阶段农民工政治参与的研究仍然偏少。其一，农民工政治参与的测量尚未达成一致，与农民工政治参与的现实有所偏差，这导致无法全面揭示农民工政治参与的水平。因此，有必要结合农民工市民化特性，重新建构农民工政治参与的测度指标，揭示农民工政治参与的水平。其二，在农民工的实证研究中，虽然已经吸收了包含资源理论、社会资本理论和政治文化理论研究经验，但是其与新时代农民工市民化特征的结合仍然不够。比如，现有研究的关注对象主要集中于东部沿海大城市（异地城镇化)、未落户农民工,而对中西部中心城镇(就近城镇化)、已落户的农民工关注较少。从我国特殊的国情背景来看,我国城镇化已经形成异地城镇化和就近城镇化并行的格局,人口流向开始出现由东部向中西部转移。同时,随着农民工群体内部出现不同的市民化阶段,部分人已完成户籍身份的市民化,不同的户籍身份必然会带来不同的政治参与问题和需求。因此,在研究中有必要系统分析和比较不同城镇化类型、不同户籍身份农民工的政治参与问题。这些都为本书的研究预留了空间。

第三章

调查总体情况

本章主要介绍调查地的选择与概况、调查构成与调查内容、调查抽样过程、调查的实施、数据质量控制以及样本信息。

第一节 调查地的选取与概况

一、厦门市

厦门市是福建省的一个副省级城市,是全国"五个计划"单列市之一,也是全国首批实行对外开放的五个经济特区之一,是东南沿海重要的中心城市,现代化国际港口风景旅游城市,也是联结"一带"和"一路"的重要枢纽城市。此外,国家"十二五"规划明确提出推进厦门两岸区域性金融服务中心建设。厦门市作为我国改革开放的前沿阵地,随着经济的快速发展吸引了大量外来人口的涌入。2017年,厦门市常住人口401万人,全市户籍人口231.03万人。2019年,厦门市共登记常住人口429万人,而流动人口为287.8万人,流动人口呈不断上升趋势,外来的劳动力已成为流动人口的主要构成部分,也是福建省唯一一个流动人口与户籍人口倒挂的设区市。

厦门市位于福建省东南端,西界漳州,北邻南安和晋江,东南与大小金门和大担岛隔海相望,通行闽南方言,是闽南地区的主要城市,与漳州、泉州并称厦漳泉闽南金三角经济区。其地理位置优越、交通便利、景色宜人、经济发展水平高,2016年,厦门市地区生产总值(GDP)达3784.25亿元,年末常住总人口达392万人,其中有50%以上为外来流动人口,是我国流动人口比例较高的城市之一。鉴于此,厦门市是研究当前农民工生活发展状况的理想地区之一,故选择其作为调查地之一。

二、长沙市

长沙市是湖南省的省会城市，首批国家历史文化名城，有"屈贾之乡""楚汉名城""潇湘洙泗"之称，是长江中游地区重要的中心城市，是全国"两型社会"综合配套改革试验区、中国重要的粮食生产基地，长江中游城市群和长江经济带重要的节点城市，也是连续十年的"中国最具幸福感城市"。长沙市是全国性综合交通枢纽，京广高铁、沪昆高铁、渝厦高铁均在此交汇。2017 年，长沙市地区生产总值（GDP）达 10535.51 亿元，增速居全省第一，年末常住总人口 791.81 万人，城镇化率为 77.59%（2017 年长沙市国民经济和社会发展统计公报，2017）。

长沙位于湖南省东部偏北，湘江下游和长浏盆地西缘。目前全市辖境东西 230 公里，南北 88 公里。全市总面积 11819 平方公里，其中城区面积 556 平方公里。长沙市的 9 个市辖区县市有：芙蓉区、天心区、岳麓区、开福区、雨花区、望城区、长沙县、宁乡市及浏阳市。截至 2017 年 9 月 25 日，长沙市流动人口达 1902081 人。其中，流入人口 1352087 人，流出人口 549994 人。平台数据显示，2017 年长沙市流动人口数量比 2010 年（流动人口 1073897 人）增长 77.11%，但近年增速明显趋于平缓。从流动人口流向分布、流动范围来看，长沙市流动人口是以省内流动为主。

第二节　调查构成与调查内容

一、厦门调查

厦门调查涉及调查对象包括农民工（未落户）和新市民（已落户农民工）。本次调查由"厦门市农村流动人口调查问卷"与"厦门市新市民调查问卷"两部分组成。为了更好地收集厦门市农民工的生存与发展状况、政治参与状况等信息，本次调查将调查对象确定为在厦门市工作生活、年龄在 16 周岁以上、持有农村户籍来到厦门市的外来农村流动人口。厦门市的新市民（已落户农民工）是指在厦门市工作生活、年龄在 16 周岁以上，以前为农村户籍，现在转为厦门市户籍的厦门市新市民。具体调查内容如表 3-1 所示。

表 3-1 厦门市问卷的调查内容

厦门市农村流动人口调查问卷		厦门市新市民调查问卷	
项目	主要调查内容	项目	主要调查内容
个人信息	个人基本信息	个人信息	个人基本信息、户籍转换信息
家庭信息	家庭基本信息、婚姻状况	家庭信息	家庭基本信息、婚姻状况
生计与就业	就业状况、生计资本状况等	生计与就业	就业状况、生计资本状况等
市民化政策	市民化政策、社保参与等	市民化政策	市民化政策、社保参与等
社交与日常行为	社会交往、政治参与等	社交与日常行为	社会交往、政治参与等
态度与观念	政治价值、社会信任等	态度与观念	政治价值、社会信任等
媒体使用	媒体使用状况等		

二、长沙市

长沙调查主要涉及的调查对象是农民工。农民工是指在长沙市工作生活、年龄在 16 周岁以上、持有农村户籍来到长沙市的外来农村流动人口。本次调查主要进行的是问卷调查。问卷调查的内容主要涉及了个人与家庭信息、生计与就业、市民化政策、社交与日常行为以及态度观念等。具体调查内容如表 3-2 所示。

表 3-2 长沙市农民工问卷的调查内容

项目	主要调查内容
个人信息	个人基本信息
家庭信息	家庭基本信息、婚姻状况
生计与就业	就业状况、生计资本状况等
市民化政策	市民化政策、社保参与等
社交与日常行为	社会交往、政治参与等

项目	主要调查内容
态度与观念	政治价值、社会信任等

第三节 调查的抽样过程

课题组于 2016 年 10 月和 2017 年 8 月分别对厦门市和长沙市六区 16 周岁及以上非本地农村户籍就业者进行问卷调查，获得有关农民工政治参与和市民化方面的信息。调查仿照卫健委"流动人口动态监测"的市级抽样方法进行多阶段随机抽样。根据调查开始前 1 个月的流动人口登记数据对抽样过程进行设计。第一阶段，在所有市辖建成区（厦门市和长沙市均为 6 个）各抽取 1 个街镇，为适应流动人口在城市空间中的不均衡分布，采取按照流动人口规模的不等概率抽样。第二阶段，按照老城区、城中村和工业区对各街镇进行分层，在不同类型街镇分别等概率抽取 4 个、5 个和 6 个村居，两市各抽取 30 个村居。最后以各小区流动人口登记花名册为抽样框，厦门市从中抽取 40 名外来农村流动人口和 10 名新市民作为调查对象，长沙市从中抽取 45 名外来农村流动人口作为调查对象。厦门市调查最终发出农村流动人口问卷 1200 份，回收有效问卷 1198份；发出新市民问卷 300 份，回收有效问卷 300 份；长沙市调查最终发出农村流动人口问卷 1350 份，回收有效问卷 1245 份。

第四节 调查的实施

一、厦门市调查

厦门市调查时间是 2016 年 9—11 月，抽样调查由湖南师范大学农民工市民化课题组和厦门大学人口发展与教育资源配置课题组合作执行。具体时间和日程安排如下。

（一）调查培训

在正式调查之前，2016 年 9 月 22 日—9 月 30 日在厦门市的 6 个市辖区（思明区、海沧区、湖里区、集美区、同安区、翔安区）分别开展调查培训。培训对象主要是参加本次调研的所有调查人员。培训的重点在于讲解调查的目标、问卷结构、问卷中问题的具体含义，以及现场调查的基本技能。

（二）正式调查

2016年10月8日—11月30日开始正式调查。在正式调查中，每个调查点安排1名课题组研究生做指导员，10—15名社区工作人员作为调查员和1名街道办政府协调人员。调查指导员对每一个调查员的问卷进行审核，并将有数据信息不全或存在逻辑错误等问题的问卷当即返回给调查员，请调查员对被访者进行再次访问，修正问卷中存在的问题。所有被调查指导员审查过的问卷由调查组织者进行最终审查。有严重问题或调查对象拒访的问卷被视为无效。

二、长沙市调查

长沙市调查时间是2017年8—9月，抽样调查由湖南师范大学农民工市民化课题组具体执行。具体时间和日程安排如下。

（一）调查培训

在正式调查之前，2017年8月22日对所有参加调查的指导员、调查员、协调员进行了问卷调查培训。培训的重点在于讲解调查的目标、问卷结构、问卷中问题的具体含义，以及现场调查的基本技能。

（二）正式调查

2017年8月23日—9月6日开始正式调查。在正式调查中，每个调查点安排1名指导员，6—10名调查员和1名政府协调人员。调查指导员对每一个调查员的问卷进行审核，并将有数据信息不全或存在逻辑错误等问题的问卷当即返回给调查员，请调查员对被访者进行再次访问，修正问卷中存在的问题。所有被调查指导员审查过的问卷由调查组织者进行最终审查，有严重问题或调查对象拒访的问卷被视为无效。

第五节　数据质量控制与评价

为了保证调查的顺利执行和所得数据信息的可靠性，依据图3-1所示流程，调查组织者在每一环节采取了相应的质量保障措施，确保现场调查和数据录入的质量。

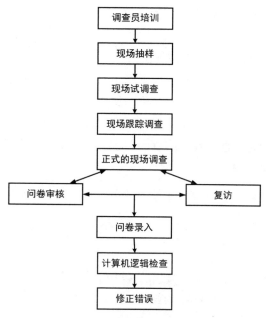

图 3-1 问卷调查流程图

一、现场质量控制

在正式调查中为了保证调查的质量。其一，每个调查点的指导员会随机对所有调查员进行跟访，以便提高调查员对调查问卷的理解和现场调查的技巧，并及时发现实际调查中出现的问题，提高他（她）的调查质量。其二，在调查现场，调查指导员对每一份回收问卷进行审核，将有逻辑错误和数据信息不全的问题返回给调查员，由调查员进行二次访问，修正问卷中的问题。其三，每天调查结束后，从当天调查的问卷中随机抽取 10 份进行调查复访。通过对复访数据与正式访问数据的一致率进行比较，厦门市与长沙市一致率分别为 92% 和 90.09%，数据质量可靠。

二、数据录入和清洗

本次录入采用的是 Epidata 软件，由录入员将原始问卷数据录入到 Epidata 数据库中。录入工作分为两步：第一步，由录入员将原始问卷录入到数据库中；第二步，从每个录入员的数据库中，随机抽取 5 份问卷，进行双工录入，比较录入一致性，厦门市和长沙市的双工录入一致率为 99.5% 和 99%，数据质量可靠。

在数据录入工作结束后，通过编制计算机程序对如个人信息、家庭信息等问卷中的相关信息之间的逻辑一致性进行检验。对于有逻辑问题的问卷，返回录入员再次进行审查，并对输入有错误的问卷进行修正。

三、问卷调查数据质量的总体评价

总体上，通过调查组织者在抽样调查中对回收问卷的严格审核，在数据录入中尊重问卷事实，在数据清洗中严密的逻辑检测，以及对最终数据信息的反复校改，所得到的抽样调查问卷信息的数据误差均在可接受的范围内，数据质量较高，达到了问卷调查对数据质量的要求，为最终实现课题的研究目标打下了坚实可靠的数据基础。

第六节　样本信息

本次调查样本的基本特征信息如表 3-3 所示。

表 3-3　调查样本分布和基本特征

（%）

基本特征		长沙市农民工（1245 名）	厦门市农民工（1197 名）	厦门市新市民（300 名）
性别	男性	57.51	56.64	35.67
	女性	42.49	43.36	64.33
年龄	16—25 岁	20.56	12.28	5.33
	26—35 岁	33.65	49.62	50.33
	36—45 岁	20.96	28.49	36.33
	46—55 岁	18.88	8.69	7.67
	56 岁及以上	5.94	0.92	0.33
受教育程度	小学及以下	12.70	9.94	8.36
	初中	34.08	48.20	28.43
	高中或中专	35.21	28.65	29.09
	大专及以上	18.01	13.20	34.12
婚姻状况	未婚	32.15	20.65	7.00
	已婚	67.85	79.35	93.00
就业类型	受雇	80.03	75.63	84.62
	自雇	19.97	24.37	15.38

长沙调查样本中，男性农民工占总体的 57.51%，略高于女性农民工，男女比例总体分布均衡。从年龄分布上来看，被调查农民工仍以青壮年为主，平均年龄约为 36 岁，16~25 岁年龄段占 20.56%；26~35 岁年龄段约占 33.65%；36~45 岁年龄段占 20.96%；46~55 年龄段占 18.88%；年龄 56 岁及以上的占 5.94%。受教育程度主要集中在"初中"和"高中或中专"两类，其中"高中或中专"的比例最高，占总体的 35.21%，受教育程度为初中的占 34.08%；具有大专及以上学历的人数比例占总体的 18.01%，小学及以下的占 12.70%。从婚姻状况来看，绝大多数农民工婚姻状况为已婚（包括初婚和再婚），占总体比例的 67.85%，未婚（包括从未结过婚、丧偶和离婚）的农民工占 32.15%。长沙市农民工主要以受雇就业为主占 80.03%，自雇就业者为 19.97%。

厦门调查的农民工样本中，男性农民工依然占比（56.64%）略高于女性农民工（43.36%）。从年龄分布上来看，被调查农民工仍以青壮年为主，16~25 岁年龄段占 12.28%；26~35 岁年龄段约占 49.62%；36~45 岁年龄段占 28.49%；46~55 年龄段占 8.69%；年龄 56 岁及以上的占 0.92%。受教育程度主要集中在"初中"，占总体的 48.20%，其次为"高中或中专"的占 28.65%；具有大专及以上学历的人数比例占总体的 13.20%，小学及以下的为 9.94%。从婚姻状况来看，绝大多数农民工婚姻状况为已婚（包括初婚和再婚），占总体比例的 79.35%，未婚（包括从未结过婚、丧偶和离婚）的农民工占 20.65%。农民工主要以受雇就业为主占 75.63%，自雇就业者为 24.37%。

厦门调查的新市民样本中，女性占比更高为 64.33%，男性占比为 35.67%。从年龄分布上来看，被调查新市民以青壮年为主，16~25 岁年龄段占比 5.33%；26~35 岁年龄段约占 50.33%；36~45 岁年龄段占 36.33%；46~55 年龄段占 7.67%；年龄 56 岁及以上的占 0.33%。受教育程度主要集中在"大专及以上"占总体的 34.12%，其次为高中或中专的占 29.09%；具有初中受教育程度的人数比例占总体的 28.43%，小学及以下的为 8.36%。从婚姻状况来看，绝大多数新市民婚姻状况为已婚（包括初婚和再婚），占总体比例的 93.00%，未婚（包括从未结过婚、丧偶和离婚）的农民工占 7.00%。职业主要以受雇就业为主占 84.62%，自雇就业者为 15.38%。

第二篇

02

市民化中农民工政治参与的指标构建与现状研究

本篇章由第四章、第五章和第六章组成，其中第四章主要构建了农民工政治参与的指标体系，第五章剖析了农民工政治参与的总体水平，第六章从市民化角度剖析不同流动距离、不同流动地域和不同户籍身份的农民工政治参与的差异。需要说明的是，由于中国公民需成年后（18周岁及以上）才能获得完整政治参与权利，故在最终模型中只选择18周岁及以上的样本。

第四章

农民工政治参与的指标体系构建

首先，本章通过对政治参与的概念进行梳理，结合农民工的现实情境，提出农民工政治参与的定义。其次，根据已有公民政治参与的维度，结合相关政策规定，提出农民工政治参与的维度。最后，对农民工政治参与的指标体系进行构建。

第一节　农民工政治参与的定义

目前学术界关于政治参与的定义仍未达成共识，不同学科、不同学者从不同角度进行阐述。《布莱克维尔政治学百科全书》认为政治参与是"公民参与制定、通过或贯彻公共政策的行动，包括听证、协商与监督等形式"。国外学者中最有代表性的就是亨廷顿，他从广义的角度对政治参与（political participation）进行了界定，认为政治参与是"一般平民（公民）试图影响政府决策的活动，包括选举、投票、政治讨论与辩论等多种政治参与行为"（亨廷顿、纳尔逊，1989）。而迈伦·维纳、诺曼·尼和西德尼·维巴等学者则从狭义角度将政治参与界定为影响政治体系的活动，即投票等合法行为，强调政治参与的自主性和合法性（格林斯坦，波尔斯，1996）。还有研究将政治参与定义为公民通过合法程序直接参与或间接影响政治决策或政府活动的政治行为（孙福金，1987；杨光斌，2011）。徐久刚等（2006）则强调公民的主动性，故把政治参与定义为公民积极主动介入国家政治生活，影响政治决策的政治行为。俞可平（2000）把政治参与称为公众参与，进一步扩大了政治参与的内涵，是公民试图影响公共政策和公共政治生活的一切活动，他把投票、竞选、结社、请愿、抗议、游行、反抗、游说、上访等行为都归属于公众参与的范围。肖滨等（2017）在政治权利视角下把政治参与界定为公民对国家政治生活的参与、介入与影响。

现阶段,在农民工的研究中大多采用的是王浦劬(2005)关于政治参与的定义,即强调政治行为的合法性,故将政治参与界定为公民通过各种合法方式参加政治生活,并影响政治体系的构成、运行方式、运行规则以及政策过程的行为。也有学者将政治参与界定为农民工通过选举、参加村民会议、职工代表大会以及依法进行抗争等合法途径和方式,对流出地农村社区、居住地社区或单位的政治运作、政治决策、政治结果的关心、利益表达和施加影响的行为及过程(张雷,任鹏,2005)。少数研究农民工问题的学者认为,农民工群体由于先赋性身份的制约在城市不具备政治权利(张丽红,2005);他们是城市的无政治群体(周庆智,2016)。由此可见,农民工在城市政治参与的核心问题可能源于他们在城市政治权利的缺乏。因此,本书在研究农民工在城市的政治参与时,将主要借鉴肖滨等(2017)对政治参与概念的界定。从权利的视角切入,把农民工政治参与界定为农民工对城市政治生活的参与、介入与影响的行为。

第二节　农民工政治参与的维度

现阶段,学界对农民工政治参与的维度划分尚未达成一致。大多数研究将政治参与划分为制度化参与和非制度化参与,其中,制度化政治参与主要有投票选举、信访等。而非制度化的政治参与一般包括群体性事件、集会抗议、暴力对抗等(朱煜等,2012;陈鹏,臧雷振,2015)。还有部分学者在前者的基础上提出三种划分,即高制度化政治参与、低制度化政治参与和非制度化政治参与(陈云松,2013;肖唐镖,易申波,2016;徐延辉,李明令,2021)。其中,低制度化参与是介于高制度化参与和非制度化政治参与之间的。还有少数学者从政治组织(杨莉芸,2013)、政治表达(刘翠霄,2005)、政治监督(戴长征、余艳红,2015)、政治选举(朱小龙,2015)等单个维度对农民工的政治参与进行研究。事实上,农民工在城市制度化政治参与的渠道非常少,他们更多采取静坐、罢工、集体上访、集体抗议、自杀威胁等形式的非制度化政治参与去维护自身的权益(任义科等,2016)。由此推测,如果仅以制度特征为基础对政治参与维度进行划分,很可能会导致研究中出现偏差。

根据肖滨等(2017)从政权和治权两个维度对公民政治参与进行划分,政权维度的政治参与是指国家为了获得统治正当性、巩固国家政权而需要回应基于公民权利的政治参与;治权维度的政治参与是为了实现有效治理而吸纳体现公民权利的政治参与。从农民工群体的特征来看，现实生活中的农民工政治参与更多是为了维护政治权利而形成的，而非为了获取城市治理权的政治权利。因此，本研究将选取政权维度下的政治参与，围绕公民政治权利实现，对农民工政治参与进行细分。在具体的政治参与维度辨识中基于我国现行的法律和农民工群体特征，遵循以下两个原则：其一，准确性。要求根据中国现行的法律，深入剖析农民工政治参与所包含的维度，限定农民工政治参与的研究范围。其二，简洁性。要求辨识出现阶段农民工政治参与中最重要、最本质、最可行的维度，对于其他特殊的、次要的以及从属性维度不再考虑，关注农民工政治参与的本质内容和主要矛盾。《中华人民共和国宪法》（2018 年修正）规定："我国公民的政治权利包括选举权和被选举权、言论、出版、集会、结社、游行、示威的自由以及对于国家机关和国家工作人员批评和建议的权利。"换言之，我国民众的政治权利主要包括基本政治权利（知情权、参与权、表达权、监督权）、选举权和自组织权（肖滨，方木欢，2017）。本书的农民工政治参与维度围绕这三类政治权利类型进行划分，将其划分为基本政治活动参与、选举活动参与和自组织参与三个维度。根据政治权利的扩展规律，中国民众的政治权利是从基本政治权利—选举权利—自组织权利进行逐步扩展的（肖滨，方木欢，2017），故农民工政治参与的三个维度的关系如图 4-1 所示。

图 4-1 农民工政治参与维度划分

第三节 农民工政治参与的指标构建

基于农民工政治参与的维度划分，结合现阶段我国政府推行农民工相关政策，本书将农民工政治参与的测度指标进行进一步划分，如表 4-1 所示。

表 4-1   农民工政治参与的指标构建

维度	指标		操作化
基本政治活动参与	政策知晓		是否知道当地政府颁布的如"当地政府设立农村外来人口维权直通车"或"满足一定的条件可参与社区选举投票"或"符合一些条件后可获得 C 市或 X 市户籍"等农民工相关政策。
	政治表达	网络表达	是否"通过网络和媒体对政府或政府官员行为、政策等发表意见"。
		现实表达	是否"对 C 市或 X 市政府提出改善工作的意见和建议"或"向 C 市或 X 市人大代表、政协委员提意见"。
	政治活动参与		是否参加"政府、社区组织的座谈会或会议等"。
	政治组织参与		是否参加"党团组织、工会、其他政治团体"。
	监督行为		是否"向社区求助/投诉/反映问题"。
			是否"上访/集体签名请愿"。
选举活动参与	参与投票		是否参加过"社区居委会选举"或"人大选举"或"党代会选举"。
	参与竞选		是否作为候选人参加过"社区居委会选举"或"人大选举"或"党代会选举"。
自组织参与	参与自组织		是否参加由群众维权运动形成的组织或老乡会。

一、基本政治活动参与

(一)政策知晓

有学者提出政治参与不仅包括公民的直接参与行为,还应该包括公民对政府、政策等相关政治知识的知晓这类间接政治参与(施雪华,2001;陈振明,李东云,2008)。而对于农民工来说,农民工在城市最大的问题是对当地法律、法规知晓偏少(朱慧涛,2005)。因此,本书在分析农民工政治参与时,将农民工对当地政府政策信息的知晓程度作为一种间接政治参与。通过询问被访者知不知道当地政府颁布的如"满足一定的条件可参与社区选举投票"或"符合一些条件后可获得 C 市或 X 市户籍"等农民工相关的政策来进行测量,并将其操作为二分类变量(知道=1,不知道=0)。

（二）政治表达

政治表达是公民运用一定的方法或手段来表达自身的政治观点、政治态度，从而影响政府做出权威性决策的过程（王浦劬，2005），其主要手段包括政治请愿、政治集会等制度性或非制度性的表达，并且政治表达具有明显的目的性和行动特征（孙湛宁、徐海鸥，2011）。此外，随着当前社会经济发展、教育普及、互联网发展等，公民的政治表达途径总体上有所拓宽和提升，公民的网络政治表达越来越受到学术界的关注。管人庆（2012）认为公民在网络空间里进行的政治表达即网络表达。因此，本书将农民工的政治表达划分为网络表达和现实表达。网络表达是通过询问被访者是否"通过网络和媒体对政府或政府官员行为、政策等发表意见"进行测量，操作为二分类变量（是=1，否=0）。现实表达是通过询问被访者是否"对 C 市或 X 市政府提出改善工作的意见和建议"或"向 C 市或 X 市人大代表、政协委员提意见"进行测量，操作为二分类变量（是=1，否=0）。

（三）政治活动参与

政治活动参与是指农民工参与城市政治生活的各类活动。本书的农民工政治活动参与是通过询问被访者有没有参加"政府、社区组织的座谈会或会议等"进行测量，将其操作为二分类变量（有=1，无=0）。

（四）政治组织参与

政治组织参与是指农民工参与城市各类既有的政治组织，这些组织非农民工群体自己建立的，如工会、党团组织等。政治组织参与是通过询问被访者有没有在 C 市或 X 市参加"党团组织、工会、其他政治团体"进行测量，将其操作为二分类变量（有=1，无=0）。

（五）监督行为

政治监督是指公民依法享有对国家机关行使权力、公职人员履行职责的行为进行监督的行为（程竹汝，2007），其主要形式包括反映诉求、抗议示威、保护自身合法权益等。据此，本书对农民工的监督行为测量是通过询问被访者在 C 市或 X 市有没有"向社区求助/投诉/反映问题"、有没有"上访/集体签名请愿"进行测量，将二者皆操作为二分类变量（有=1，无=0）。

二、选举活动参与

选举参与主要是通过作为选举人的政治投票和作为候选人参与竞选实现的。农民工的参与投票通过询问被访者有没有在 C 市或 X 市参加过"社区居委会选举"或"人大选举"或"党代会选举"进行测量，将其操作为二分类变量（有＝1，无＝0）。参与竞选通过询问被访者有没有作为候选人参加过"社区居委会选举"或"人大选举"或"党代会选举"进行测量，将其操作为二分类变量（有＝1，无＝0）。

三、自组织参与

自组织权参与又称结社参与，指农民工在城市自发形成政治组织的行为。本书将通过询问被访者有没有参加由群众维权运动形成的组织或老乡会进行测量，将其操作为二分类变量（有＝1，无＝0）。

第四节　研究小结

基于已有文献，结合中国特殊情境，本章明确了农民工政治参与的定义、维度及指标体系。具体而言：

首先，基于肖滨（2017）关于政治参与概念的界定，结合农民工群体的特征，将农民工政治参与定义为"农民工对城市政治生活的参与、介入与影响的行为"。

其次，基于我国现行的法律制度，梳理农民工政治参与的维度，并选取政权维度下的政治参与，围绕公民政治权利实现，对农民工政治参与进行维度细分。本书把农民工政治参与划分为基本政治活动参与、选举活动参与和自组织参与三个维度。

最后，根据城市现行的有关农民工的政策，结合农民工群体的自身特征，从政治权利的角度完成农民工政治参与概念的操作化。具体而言，其一，将基本政治活动参与划分为政策知晓、网络表达、政治表达、政治活动参与、政治组织参与、监督行为。其二，以参与投票、参与竞选来测量选举活动参与。其三，以是否参与自组织来衡量自组织参与情况。

第五章

农民工政治参与的总体水平

本章将对农民工政治参与的总体状况进行描述。根据第四章对农民工政治参与的指标体系构建，本章分别将对农民工政治参与的总体水平和三个维度的参与状况进行分析，指出目前农民工政治参与的现状，并初步探讨了三类政治参与之间的关系。需要说明的是，农民工政治参与的总体水平是将三类参与进行加总取均值来衡量，数值越高则代表政治参与水平越高。

第一节 农民工总体政治参与的现状分析

表5-1给出农民工在城市政治参与的总体水平。从结果来看，农民工政治参与的平均水平为0.132，最大值为0.875，最小值为0。这反映出农民工在城市的整体政治参与水平不高，且政治参与为0的农民工占33.89%，近三分之一的农民工在城市没有政治参与。从图5-1可知，农民工政治参与整体呈现倒U形，即随着年龄的增长，农民工政治参与水平呈现先上升后下降的趋势，其中，处于35—39岁达到农民工政治参与水平的峰值。

表5-1 农民工在城市政治参与的总体水平

项目	最小值	最大值	均值	标准差	样本量
政治参与	0	0.875	0.132	0.134	2405

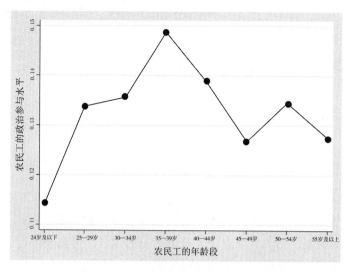

图 5-1 农民工政治参与随年龄的变化

第二节 农民工不同维度的政治参与现状分析

一、农民工基本政治活动参与的现状分析

（一）农民工政策知晓的现状分析

从图 5-2 可知，约 52.05% 的农民工知道城市的相关政策，还有约 47.95% 的农民工表示他们不知道当地的任何政策信息。这也说明近一半的农民工的政策知晓程度很低，且不知道自己能够在城市获得哪些权益。

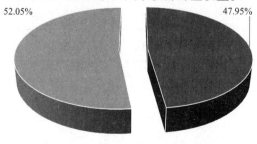

图 5-2 农民工政策知晓的状况

（二）农民工政治表达的现状分析

从图5-3的结果可知，绝大多数的农民工没有政治表达，总体政治表达为5.77%，其中利用网络渠道进行政治表达的农民工占3.19%，利用现实渠道进行政治表达的占3.77%。

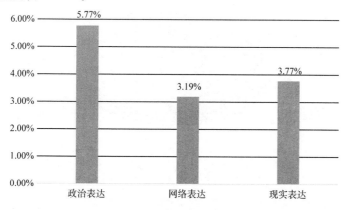

图5-3　农民工政治表达的状况

对已经进行政治表达的农民工群体进一步分析发现，在所有进行政治表达的农民工群体中，20.86%的农民工采用了包括网络渠道和现实渠道在内的两种渠道实现政治表达方式，44.6%的农民工仅采取了现实渠道来进行政治表达，34.5%的农民工仅采取网络渠道进行政治表达（图5-4）。这说明，传统的直接向政府、人大代表、政协委员等提意见、建议仍然是农民工群体进行政治表达的首选途径。

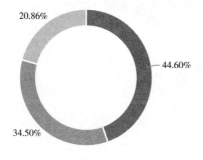

■现实渠道　■网络渠道　■两种渠道

图5-4　农民工行使政治表达的渠道分析

（三）农民工政治活动参与的现状分析

从图 5-5 的结果可知，绝大多数的农民工没有在城市进行政治活动参与，参与到当地政治活动的农民工比例仅占 5.88%。

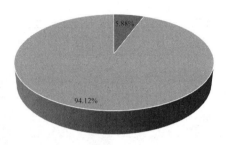

图 5-5　农民工政治活动参与的状况

（四）农民工政治组织参与的现状分析

从图 5-6 的结果可知，绝大多数的农民工没有在城市参加政治组织，仅 16.29% 的农民工表示参与城市的政治组织。相比于政治活动参与来看，农民工的政治组织参与远高于其他政治活动参与，这可能与近几年国家大力推进农民工政治组织化的政策有关。

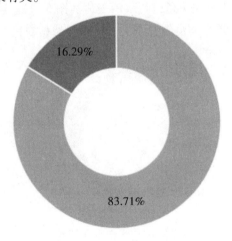

图 5-6　农民工政治组织参与的状况

（五）农民工监督行为的现状

图5-7的结果显示，农民工在城市进行监督行为的比例并不高，仅占12.02%，其中采用向社区求助/投诉/反映问题进行监督的农民工相对较高（约10.53%），采用上访/集体签名请愿进行监督的比例较低（2.86%）。

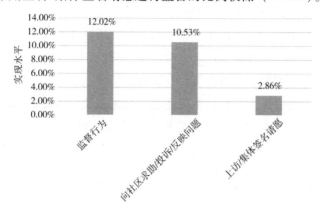

图5-7 农民工监督行为的状况

对已经有监督行为的农民工群体进一步分析发现（图5-8），在所有采取了监督行为的农民工群体中，11.38%的农民工既采用向社区求助/投诉/反映问题，又采用了上访/集体签名请愿进行监督，12.41%的农民工仅采取了上访/集体签名请愿进行监督，还有76.21%的农民工仅采取了向社区求助/投诉/反映问题进行监督。由此可见，向社区求助/投诉/反映问题是绝大多数农民工对政府进行监督的首选渠道，但是仍然有超过五分之一的农民工群体会选择上访/集体签名请愿渠道进行政治监督。

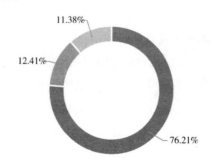

■向社区求助/投诉/反映问题 ■上访/集体签名请愿 ■两种兼有

图5-8 农民工监督行为的渠道分析

比较各类基本政治活动参与可以发现，农民工在城市政策知晓的比例最高，达52.05%，其次为政治组织参与，约16.29%，再次为农民工的监督行为，约12.02%，最后为政治活动参与，约5.88%，最差的为政治表达，仅有5.77%。

二、农民工选举活动参与的现状分析

图5-9的结果显示，农民工在城市的总体选举活动参与状况并不理想，其中，能够在城市参与投票的农民工比例为7.63%，参与竞选的仅为0.99%。这可能与我国的选举制度的特性有关，我国将选举权利与户籍挂钩，虽然允许异地参与选举，但是农民工要在城市行使选举权的门槛一直较高。例如，在城市参加选举的农民工自身必须具备一定的经济实力，如在城市购买固定的居所，能够负担返回户籍所在地开取证明的费用，等等。这些限制条件最终造成绝大多数农民工在城市的选举活动参与很不理想。

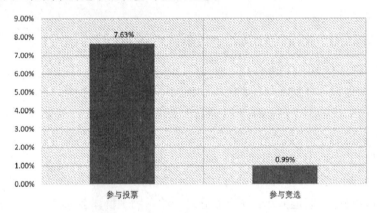

图5-9 农民工选举活动参与的状况

三、农民工自组织参与的现状分析

图5-10的结果显示，农民工自组织参与状况依然不太乐观，其中，参与到城市自组织中的农民工比例仅占7.63%。这反映出农民工自组织在城市的发展比较缓慢。

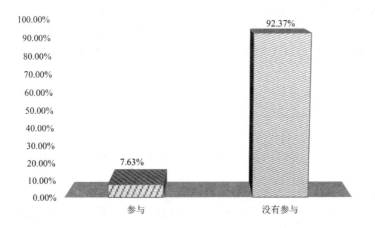

图 5-10　农民工自组织参与的状况

四、农民工政治参与三个维度的关系初探

表 5-2 提供了农民工三类政治参与之间的关系分析，由于参与竞选的比例过低，在分析中予以剔除。

表 5-2　农民工的三类政治参与的关系分析

变量	参与投票		自组织参与	
	几率比	标准误	几率比	标准误
基本政治活动参与				
政策知晓	1.119	0.201	1.765***	0.305
政治表达	2.150***	0.623	1.369	0.388
活动参与	3.970***	0.959	1.367	0.397
组织参与	2.076***	0.437	2.568***	0.475
监督行为	1.454	0.331	1.806***	0.389
选举活动参与				
参与投票			1.758**	0.463
常数项	0.008***	0.003	0.026***	0.009
样本量	2,344		2,344	
虚拟 R^2	0.176		0.074	
Log Lik	−506.6***		−585.4***	

注：模型中已经纳入性别、年龄、政治面貌、流动时间、流动城市数作为控制变量。

显著性：*** p<0.001，** p<0.01，* p<0.05，+ p<0.1，ns p>0.1。

从数据结果来看，相比没有基本政治活动参与的农民工来说，有基本政治参与活动的农民工的参与投票的概率更大；而有基本政治活动参与和参与投票的农民工更容易参与自组织。由此推测，农民工的政治参与基本遵循肖滨等（2017）提出的政治权利发展的路径，即基本政治活动参与能够显著促进选举活动参与和自组织活动参与，而选举活动参与能提升农民工自组织参与的可能性。

第三节　研究小结

基于农民工政治参与的指标构建，本章对农民工政治参与的现状进行分析。首先，对农民工政治参与的总体状况进行分析。其次，分别对基本政治活动参与、选举活动参与和自组织参与三个维度的状况进行深入剖析。最后，初步探索了三个维度之间的关系。研究结果发现：

第一，从总体状况来看，农民工的政治参与状况并不乐观。总体政治参与实现为 0.132，且近三分之一的农民工在城市没有进行任何政治参与，农民工政治参与状况整体随年龄呈现倒 U 形，农民工政治参与水平的峰值处于 35—39 岁之间。

第二，从三个维度的政治参与状况分别来看，农民工的基本政治活动参与状况最好，选举活动参与和自组织参与则相对较差。其中，有政策知晓的农民工比例已经超过半数（52.05%），政治组织参与和监督行为的比例超过 10%，政治活动参与、政治表达、选举活动参与和自组织参与的比例则不到 10%，参与竞选的农民工比例低于 1%。

第三，对政治参与三个维度之间的关系初探发现，存在"基本政治活动参与—选举活动参与—自组织参与"的逐步实现的关系：一方面，基本政治活动参与和选举活动参与、自组织参与均有显著的正向关系，即随着基本政治活动参与水平的提升，农民工的选举活动参与和自组织参与的概率均明显增加；另一方面，选举活动参与和自组织参与也存在显著正向关系，即相比没有参加投票的农民工来说，参加投票的农民工，参加自组织的概率明显更高。

第六章

市民化进程中农民工政治参与的差异研究

本章将对处于不同市民化阶段的农民工政治参与状况进行比较分析。随着新型城镇化的推进，农民工市民化类型出现分化。一方面，城镇化已经形成东部沿海大城市的异地城镇化和中西部中心城镇的就近城镇化并行的格局；另一方面，农民工群体内部出现阶段性分化，一部分农民工已经率先在户籍身份上实现了市民化（从农村户口变为城市户口）。因此本章将有机整合"地域""流动距离"等空间特征和"户籍"作为不同市民化进程的时间特征，从空间和时间两个维度立体地探讨农民工市民化过程中政治参与的差异。具体而言，首先，比较省内流动和跨省流动的农民工在城市政治参与状况的差异。其次，比较流动到异地城镇化为主的地区（厦门市）和流动到就近城镇化为主地区（长沙市）的农民工在城市政治参与状况的差异。最后，比较已落户农民工与未落户农民工政治参与状况的差异。

第一节 农民工政治参与的流动距离差异分析

本书以省为界，将农民工划分为跨省流动和省内流动两种类型，其中，跨省流动农民工属于异地城镇化，而省内流动农民工则属于就近城镇化。本节将从流动距离的视角剖析在异地城镇化和就近城镇化农民工政治参与状况的差异。

一、农民工总体政治参与的流动距离差异分析

表6-1提供了不同流动距离的农民工政治参与总体水平的差异。结果显示，跨省流动和省内流动农民工政治参与状况存在显著差异，其中，省内流动农民工政治参与的状况显著高于跨省流动农民工。这可能是因为跨省流动农民工进行政治参与可能面临的制度隔离更大。由于我国地区经济社会发展不均衡，各地方政府仍然存在明显的地方保护主义，省际的政策制度并不兼容。跨省的社

保转移、城市福利共享还存在障碍，导致大量跨省流动的农民工缺乏参与城市社保的积极性，不愿意参加社保（杨召奎，2015）。无法享受当地公共社会福利保障，影响跨省流动农民工参与城市政治生活的积极性，降低他们政治参与的可能性。与之相对的省内流动农民工，由于在家乡附近工作、生活，能够参与到城市的公共福利体系中，他们更愿意长期留在当地发展（杨菊华等，2016）。因此，他们对自己在当地能够享有哪些权益更关心，参加城市政治生活的内驱力更强。

表 6-1　农民工政治参与总体水平的流动距离差异比较

项目	样本量	均值	标准差	T 检验
跨省流动	899	0.121	0.112	＊＊＊
省内流动	1502	0.140	0.147	

显著性：＊＊＊ p<0.001，＊＊ p<0.01，＊ p<0.05，＋ p<0.1，ns p>0.1。

二、农民工基本政治参与的流动距离差异分析

表 6-2 提供了农民工基本政治活动参与现状的流动距离差异分析。

表 6-2　农民工基本政治活动参与现状的流动距离差异比较

项目	跨省流动		省内流动		LR 检验
	频数	百分比（%）	频数	百分比（%）	
政策知晓					
知道	532	59.05	722	47.88	＊＊＊
政治表达					
有	33	3.67	106	7.03	＊＊＊
网络表达					
有	23	2.56	54	3.58	ns
现实表达					
有	17	1.89	74	4.91	＊＊＊
政治活动参与					

项目	跨省流动		省内流动		LR 检验
	频数	百分比（%）	频数	百分比（%）	
参与	38	3.11	114	7.55	***
政治组织参与					
参与	115	12.76	277	18.37	***
监督行为					
有	70	7.78	218	14.45	***
向社区求助/投诉/反映问题					
有	57	6.33	196	12.99	***
上访/集体签名请愿					
有	14	1.56	54	3.58	**

显著性：*** $p<0.001$，** $p<0.01$，* $p<0.05$，＋ $p<0.1$，ns $p>0.1$。

数据结果显示，从政策知晓来看，跨省流动的农民工与省内流动的农民工存在明显差异，其中，跨省流动的农民工政策知晓比例比省内流动的农民工明显更高。从政治表达来看，省内流动的农民工政治表达总体水平显著高于跨省流动的农民工，且他们的差异主要是表现在现实表达上，即省内流动的农民工现实表达的概率比跨省流动的农民工高出近1倍。他们在网络表达上不存在明显差异。从政治活动参与来看，省内流动的农民工政治活动参与总体水平显著高于跨省流动的农民工。从政治组织参与来看，省内流动的农民工政治组织参与总体水平明显高于跨省流动的农民工。从监督行为来看，省内流动的农民工监督行为总体水平依然显著高于跨省流动的农民工，且这种差异在向社区求助/投诉/反映问题和上访/集体签名请愿上的表现基本一致，即来自省内流动的农民工的监督行为概率均比跨省流动的农民工高。由此可见，除在基本政治活动参与上，跨省流动的农民工政策知晓概率远高于省内流动的农民工外，参与概率均在政治表达、政治活动参与、政治组织参与和监督行为上，省内流动的农民工高于跨省流动的农民工。

三、农民工选举活动参与的流动距离差异分析

表6-3提供了农民工选举活动参与现状的流动距离差异分析。数据结果显示，从选举活动参与的状况来看，省内流动农民工与跨省流动农民工存在明显差异，其中省内流动的农民工参与投票的比例比跨省流动的农民工明显更高。从参与竞选的状况来看，两类农民工的差异与参与投票基本一致，省内流动的农民工参与竞选的比例明显高于跨省流动的农民工。

表6-3　农民工选举活动参与现状的流动距离差异比较

项目	跨省流动		省内流动		LR检验
	频数	百分比（%）	频数	百分比（%）	
参与投票					
参与	23	2.55	161	10.70	***
参与竞选					
参与	2	0.22	22	1.46	**

显著性：*** p<0.001，** p<0.01，* p<0.05，+ p<0.1，ns p>0.1。

四、农民工自组织参与的流动距离差异分析

表6-4提供了农民工自组织参与现状的流动距离差异分析。数据结果显示，在自组织参与上，省内流动与跨省流动农民工不存在明显差异。

表6-4　农民工自组织参与现状的流动距离差异比较

项目	跨省流动		省内流动		LR检验
	频数	百分比（%）	频数	百分比（%）	
参与自组织					
参与	65	7.21	118	7.82	ns

显著性：*** p<0.001，** p<0.01，* p<0.05，+ p<0.1，ns p>0.1。

第二节　农民工政治参与的流动地域差异分析

厦门市是一个典型位于东部沿海、以远距离流动（跨省流动）为主的异地城镇化区域，而长沙市则是一个典型内陆、以近距离流动（省内流动）为主的就近城镇化区域。本节将从地域视角剖析流动到异地城镇化为主地区（厦门市）和流动到就近城镇化为主地区（长沙市）农民工政治参与状况的差异。

一、农民工总体政治参与的流动地域差异分析

表6-5提供了两地农民工政治参与总体水平的差异。

表6-5　农民工总体政治参与的地域差异比较

项目	样本量	均值	标准差	T检验
以异地城镇化为主地区（厦门市）	1911	0.140	0.117	*
以就近城镇化为主地区（长沙市）	1214	0.127	0.133	

显著性：*** p<0.001，** p<0.01，* p<0.05，+ p<0.1，ns p>0.1。

结果显示，两地农民工的政治参与状况存在显著差异，流动到异地城镇化为主地区（厦门市）农民工的政治参与水平明显高于流动到就近城镇化为主地区（长沙市）的农民工。这可能是因为以异地城镇化为主的东部沿海城市一直是流动人口聚集地，它们的经济发展水平、流动人口服务管理制度一直走在其他城市之前，因此它们可能会比以就近城镇化为主的内陆城市的制度更完善，流动人口在当地政治参与能够获得的制度保障可能更多。

二、农民工基本政治活动参与的流动地域差异分析

表6-6提供了农民工基本政治活动参与现状的地域差异分析。

表6-6　农民工基本政治活动参与现状的地域差异比较

项目	异地城镇化为主地区（厦门市）		就近城镇化为主地区（长沙市）		LR检验
	频数	百分比（%）	频数	百分比（%）	
政策知晓					

项目	异地城镇化为主地区（厦门市）		就近城镇化为主地区（长沙市）		LR 检验
	频数	百分比（%）	频数	百分比（%）	
知道	845	70.95	411	33.63	***
政治表达					
有	50	4.20	89	7.30	**
网络表达					
有	36	3.02	41	3.36	ns
现实表达					
有	25	2.10	66	5.41	***
政治活动参与					
参与	38	3.19	104	8.51	***
政治组织参与					
参与	177	14.86	216	17.68	+
监督行为					
有	120	10.08	170	13.91	*
向社区求助/投诉/反映问题					
有	101	8.48	153	12.52	**
上访/集体签名请愿					
有	29	2.43	40	3.27	ns

显著性：*** $p<0.001$，** $p<0.01$，* $p<0.05$，+ $p<0.1$，ns $p>0.1$。

数据结果显示，从政策知晓来看，流动到异地城镇化为主地区的农民工与流动到就近城镇化为主地区的农民工存在明显差异，其中，流动到异地城镇化为主地区的农民工政策知晓比例比流动到就近城镇化为主地区的农民工高出

37.32%。从政治表达来看，流动到就近城镇化为主地区的农民工政治表达总体水平显著高于流动到异地城镇化为主地区的农民工，而且他们的差异主要是来自现实表达，流动到就近城镇化为主地区的农民工现实表达的概率比流动到异地城镇化为主地区农民工高出 1 倍以上，他们在网络表达上不存在明显差异。从政治活动参与来看，流动到就近城镇化为主地区的农民工政治活动参与总体水平高于流动到异地城镇化为主地区的农民工。从政治组织参与来看，流动到就近城镇化为主地区的农民工政治组织参与总体水平明显高于流动到异地城镇化为主地区的农民工。从监督行为来看，流动到就近城镇化为主地区的农民工监督行为总体水平依然显著高于流动到异地城镇化为主地区的农民工，而且他们的差异主要是来自向社区求助/投诉/反映问题，流动到就近城镇化为主地区的农民工向社区求助/投诉/反映问题的概率比流动到异地城镇化为主地区的农民工更高。由此可见，在基本政治活动参与上，流动到异地城镇化为主地区的农民工政策知晓概率远高于流动到就近城镇化为主地区的农民工；而在政治表达、政治活动参与、政治组织参与和监督行为上，流动到就近城镇化为主地区的农民工的参与概率均高于流动到异地城镇化为主地区的农民工。

三、农民工选举活动参与的流动地域差异分析

表 6-7 提供了农民工选举活动参与现状的地域差异分析。数据结果显示，从参与投票来看，流动到异地城镇化为主地区的农民工与流动到就近城镇化为主地区农民工存在明显差异，其中流动到就近城镇化为主地区的农民工参与投票的比例比流动到异地城镇化为主地区的农民工高近 7 倍以上。从参与竞选来看，两地的差异与参与投票基本一致，流动到就近城镇化为主地区的农民工参与竞选的比例明显高于流动到异地城镇化为主地区的农民工。

表 6-7　农民工选举活动参与现状的地域差异比较

项目	异地城镇化为主地区（厦门市）		就近城镇化为主地区（长沙市）		LR 检验
	频数	百分比（%）	频数	百分比（%）	
参与投票					
参与	22	1.85	162	13.29	***
参与竞选					

项目	异地城镇化为主地区（厦门市）		就近城镇化为主地区（长沙市）		LR 检验
	频数	百分比（%）	频数	百分比（%）	
参与	2	0.17	22	1.80	＊＊

显著性：＊＊＊p<0.001，＊＊ p<0.01，＊ p<0.05，＋ p<0.1，ns p>0.1。

四、农民工自组织参与的流动地域差异分析

表6-8提供了农民工自组织参与现状的地域差异分析。数据结果显示，从参与自组织的状况来看，流动到异地城镇化为主地区的农民工与流动到就近城镇化为主地区的农民工存在明显差异，其中，流动到就近城镇化为主地区的农民工参与自组织的比例比流动到异地城镇化为主地区的农民工明显更高。

表6-8　农民工自组织参与现状的地域差异比较

项目	异地城镇化为主地区（厦门市）		就近城镇化为主地区（长沙市）		LR 检验
	频数	百分比（%）	频数	百分比（%）	
参与自组织					
参与	80	6.72	104	8.51	＋

显著性：＊＊＊p<0.001，＊＊ p<0.01，＊ p<0.05，＋ p<0.1，ns p>0.1。

第三节　农民工政治参与的户籍差异分析

本书以农民工现在的户籍身份为依据，将农民工划分为"未落户农民工"和"已落户农民工"。具体而言，把户籍仍在农村，但在城镇工作生活或在农村与城镇之间流动的农业人口，称为"未落户农民工"；把原来户籍在农村，后来由于在城市工作或因为承包地、宅基地被征用等，主动或被动地把户口由农村转到城市的人口，称为"新市民"或"已落户农民工"。需要说明的是，本书仅在厦门市进行了"已落户农民工"的调查，因此为了防止区域差异带来的误差，本节仅采用厦门市样本进行分析。

一、农民工总体政治参与的户籍差异分析

表6-9提供了不同户籍身份的农民工政治参与总体水平的差异。结果显示，未落户农民工与已落户农民工的政治参与状况存在显著差异，其中，已落户农民工政治参与水平明显高于未落户农民工。这可能是因为我国政治参与权利大多附着于户籍制度上，如在哪里、如何参加的选举活动会直接受户籍身份的影响。

表6-9　农民工政治参与总体水平的户籍差异比较

项目	样本量	均值	标准差	T检验
未落户农民工	1191	0.140	0.116	***
已落户农民工	300	0.284	0.142	

显著性：*** p<0.001，** p<0.01，* p<0.05，+ p<0.1，ns p>0.1。

二、农民工基本政治活动参与的户籍差异分析

表6-10提供了农民工基本政治参与现状的户籍身份差异分析。数据结果显示，从政策知晓来看，已落户农民工与未落户农民工存在较为明显的差异，其中，已落户农民工政策知晓的比例比未落户农民工更高。从政治表达来看，已落户农民工政治表达总体水平高于未落户农民工，且他们的差异主要是来自现实表达，已落户农民工现实表达的概率明显高于未落户农民工，而未落户农民工网络表达的比例则高于已落户农民工。从政治活动参与来看，已落户农民工政治活动参与总体水平显著高于未落户农民工。从政治组织参与来看，已落户农民工政治组织参与总体水平显著高于未落户农民工。从监督行为来看，已落户农民工行使监督行为总体水平依然显著高于未落户农民工，且这种差异主要体现在向社区求助/投诉/反映问题上，已落户农民工向社区求助/投诉/反映问题的概率明显高于未落户农民工。由此可见，在基本政治活动参与上，已落户农民工的参与状况明显高于未落户的农民工。

表6-10　农民工基本政治活动参与现状的户籍差异比较

项目	未落户农民工		已落户农民工		LR检验
	频数	百分比（%）	频数	百分比（%）	
政策知晓					

项目	未落户农民工		已落户农民工		LR 检验
	频数	百分比（%）	频数	百分比（%）	
知道	845	70.95	233	77.67	+
政治表达					
有	50	4.20	21	7.00	+
网络表达					
有	36	3.02	4	1.33	+
现实表达					
有	25	2.10	18	6.00	**
政治活动参与					
参与	38	3.19	61	20.33	***
政治组织参与					
参与	177	14.86	87	29.00	***
监督行为					
有	120	10.08	72	24.00	***
向社区求助/投诉/反映问题					
有	101	8.48	66	22.00	***
上访/集体签名请愿					
有	29	2.43	8	2.67	ns

显著性：*** $p<0.001$，** $p<0.01$，* $p<0.05$，+ $p<0.1$，ns $p>0.1$。

三、农民工选举活动参与的户籍差异分析

表6-11提供了农民工选举活动参与现状的户籍身份差异分析。数据结果显示，从参与投票来看，已落户农民工与未落户农民工存在明显差异，其中，已

落户农民工参与投票的比例远高于未落户农民工。从参与竞选来看，两类农民工不存在明显差异。

表6-11　农民工选举活动参与现状的户籍差异比较

项目	未落户农民工		已落户农民工		LR 检验
	频数	百分比（%）	频数	百分比（%）	
参与投票					
参与	22	1.85	220	73.33	***
参与竞选					
参与	2	0.17	2	0.67	ns

显著性：*** p<0.001，** p<0.01，* p<0.05，+ p<0.1，ns p>0.1。

四、农民工自组织参与的户籍差异分析

表6-12提供了农民工自组织参与现状的户籍身份差异分析。数据结果显示，已落户农民工与未落户农民工在参与自组织上不存在明显差异。

表6-12　农民工自组织参与现状的户籍差异比较

项目	未落户农民工		已落户农民工		LR 检验
	频数	百分比（%）	频数	百分比（%）	
参与自组织					
参与	80	6.72	20	6.67	ns

显著性：*** p<0.001，** p<0.01，* p<0.05，+ p<0.1，ns p>0.1。

第四节　研究小结

本章从不同市民化类型深入探讨农民工市民化进程中政治参与实现状况的差异。本书把"流动距离""流动地域"和"户籍"作为不同市民化进程的特征。首先，比较就近流动（省内流动）和远距离流动（省外流动）的农民工政治参与状况的差异。其次，探讨处于异地城镇化为主地区和就近城镇化为主地区的农民工政治参与状况的差异。最后，分析未落户农民工与已落户农民工政治参与状况的差异。具体研究发现如下：

第一，省内流动农民工的总体政治参与水平比省外流动农民工要高，但是不同政治参与类型所呈现的差异不同。一方面，跨省流动农民工的政策知晓比例明显高于省内流动的农民工；另一方面，省内流动农民工的政治表达、政治活动参与、政治组织参与、监督行为、参与投票及参与竞选的概率则显著高于跨省流动的农民工。

第二，流动到就近城镇化为主地区的农民工的总体政治参与状况比流动到异地城镇化为主地区的农民工的更高，但是不同指标的政治参与呈现的差异存在明显不同。一方面，流动到异地城镇化为主地区农民工的政策知晓水平远高于流动到就近城镇化为主地区的农民工；另一方面流动到就近城镇化为主地区农民工的政治表达、政治活动参与、政治组织参与、监督行为、参与投票、参与竞选以及参与自组织的水平显著高于流动到异地城镇化为主地区的农民工。

第三，已落户农民工的总体政治参与状况比未落户农民工的实现水平更高。具体而言，二者最大差异出现在选举活动参与上。这跟我国选举制度密切相关，我国的法律原则上要求选民在户籍所在地参加选举，如果要在非户籍所在地参加选举则需要办理相应的选民登记手续并付出一定的费用。复杂的手续和高昂的费用成为制约农民工参与城市选举的重要原因。此外，已落户农民工虽然在政策知晓、政治表达、政治活动参与、政治组织参与和监督行为的实现上高于未落户农民工，但高出的比例并不多（约在10%—20%），而在参与竞选和自组织参与的状况上两类农民工相似。这也从侧面反映出，虽然未落户农民工的政治参与实现状况不如已落户农民工，但是在大多数参与类型上二者差距并不大。

第三篇

03

市民化中农民工政治参与影响机制研究

本篇将从经济、社会和文化三方面的因素深入探讨农民工市民化过程政治参与的影响机制。以政治参与理论、资源理论、社会资本理论、政治文化理论、社会比较理论与相对剥夺理论为理论基础，深入剖析社会经济地位、市民网络及政治文化对农民工在城市政治参与的作用路径。本篇共包括三章。第七章分析社会经济地位对农民工政治参与的影响机制；第八章分析市民网络对农民工政治参与的影响机制；第九章分析政治文化对农民工政治参与的影响机制。本篇的实证研究为第四篇的主要结论和政策建议提供了依据。需要说明的是，鉴于未落户农民工依然是我国农民工的主流人群，故有户籍身份转变的农民工仅在厦门市进行了小范围的调查，所以本篇影响机制研究将重点关注未落户农民工群体，以流动距离和流动地域作为研究视角进行剖析。

第七章

社会经济地位对农民工政治参与的影响机制研究

本章采用本次调查的两期数据，基于资源理论从政治资源和心理资源两方面，剖析社会经济地位对农民工政治参与的影响机制。首先，从教育、职业类型、月收入三方面揭示农民工社会经济地位的现状，指出农民工群体目前的社会经济地位处于何种水平，并比较不同流动距离和不同流动区域的农民工群体之间的差异。其次，分别对教育、职业类型、月收入影响农民工政治参与的机制进行分析，并将内部效能感、外部效能感作为中介变量纳入其中。再次，从教育、职业、月收入三个维度，比较不同流动距离农民工群体的社会经济地位对政治参与影响机制的差异。最后，从教育、职业、收入三个维度，比较不同流动区域农民工群体的社会经济地位对政治参与影响机制的差异。

第一节　研究设计

一、研究目标

历时三十多年的人口流动不仅改变了农民工的生活和工作的地理空间，而且加速了农民工社会经济地位的流动，农民工群体内部的社会经济地位分化已经出现。一方面，农民工群体社会阶层总体呈向上流动的趋势，其社会经济地位介于农村居民与城镇居民之间，社会阶层结构逐渐从"金字塔形"向"橄榄形"过渡；另一方面，农民工群体已经产生了明显的层级分化，且分化程度日益增大，虽然大多数农民工依然处于蓝领或者普通员工阶层，但是已经有部分农民工通过社会阶层的流动获得较高的社会经济地位（顾东东等，2016）。这打破了学界长久以来把农民工整体视为城市社会底层的印象（李强，2011）。早期研究发现，社会经济地位低是导致农民工在城市政治参与无法实现的主要原因（唐灿，冯小双，2000）。那么，随着部分农民工社会经济地位的提升，其政治参与是否会随之改善呢？这种变化是通过何种机制实现的呢？基于对上述问题的思考，本章将利用本研究调查的数据，系统地分析社会经济地位对当前农民工群体在城市的政治参与的影响机制，并深入剖析不同市民化类型的农民工群体影响机制的差异。具体研究目标包括以下三方面：

第一，分析社会经济地位对农民工政治参与的影响。

第二，剖析社会经济地位对农民工政治参与的影响机制。

第三，比较不同市民化类型农民工的社会经济地位对其政治参与的影响机制。

二、理论分析与研究假设

根据资源理论（Resource Theory）可知社会经济地位对移民的政治参与有重要的影响（Lamare，1982）。资源理论认为社会经济地位可以通过影响个人的政治资源和心理资源来影响人们的政治参与，社会经济地位越高，人们政治参与的可能性就越高（Beeghley，1986）。

政治资源主要是指个人拥有的金钱、教育、时间、精力以及自由的渴望等（Beeghley，1986）。其一，研究发现教育水平越高的人获取政治信息的可能性越大（Howard et al.，2001），参与政治活动的可能性增大。其二，收入是保障个人参与政治活动的物质基础。如果一个人没有足够的金钱，就无法获取政治信息，难以承担参与政治活动、政治组织以及政治选举等费用，接触政治活动及被政治动员的可能性也会随之降低（Beeghley，1983）。其三，职业是一个人是否具备参与政治活动的时间和精力的直接反映。从事体力劳动者由于一整天的体力劳动让其筋疲力尽，失去足够的时间和精力去参与政治活动；而从事非体力劳动只会造成人们精神上的倦怠，并不会引起身体的疲惫（Beeghley，1983）。

心理资源则包括政治效能感、政治关心、政治知识、民主意识、信任以及公共责任感等（Beeghley，1986；蒲岛郁夫，1989；亨廷顿，纳尔逊，1989）。资源理论认为社会经济地位低下，人的政治影响力也低（Miller et al.，1980）。其一，社会经济地位低的人无法主宰自己的命运，例如，他们一旦被解雇很难获得失业赔偿。其二，没有足够的经济资源他们也没有办法保证自己的居住稳定，这会影响他们对自己的政治行为能力的评估，进而降低他们参与政治活动的可能性（Beeghley，1986）。此外，教育水平是反映个人政治行为能力的标尺（阿尔蒙德，维巴，2004），政治行为能力直接制约移民的政治参与的可能性。由此可知，社会经济地位对政治心理的影响主要是人们对于自身政治行为能力、自身政治影响力的判断，而政治效能感就是反映一个人对自身在政治生活中影响力的直接感知和对自身政治行为能力的一种判断（李蓉蓉，2010）。因此，本研究把政治效能感作为心理资源的主要测度进行重点分析。

　　从农民工实证研究状况可知，社会经济地位低下是影响农民工在城市政治参与无法实现的主要原因（唐灿，冯小双，2000），而长期以来学界都把农民工整体视为城市社会的底层。事实上，早在 21 世纪初就有学者发现，农民工群体内部已经出现了阶层分化：农民工社会经济地位由扁平化向多层级化转变、从底层向上层延伸（唐灿，冯小双，2000），约有三成的农民工的职业已经表现出"去体力化"和"去农民工化"的特征（David，2001）。王超恩等（2013）的研究进一步发现，专业技术人员、管理精英、私营企业主等处于高层次职业阶层的农民工已经出现。随着新生代农民工逐渐成为农民工的主体，农民工群体整体教育水平有了明显提升（国家人口与计划生育委员会流动人口服务管理司，2013）。农民工群体内部的社会经济地位已经出现分化。顾东东等（2016）利用农民工监测数据证明了，农民工群体内部的社会经济地位已经产生了明显的层级分化，有部分农民工通过社会阶层的流动获得了更高的社会经济地位。已有少数学者利用农民工数据检验了社会经济地位对其政治参与的作用发现，农民工社会经济地位对政治参与的作用基本符合资源理论的假设，即教育水平越高的农民工政治参与的可能性越高；从事服务业的农民工比从事制造业的农民工参与政治的可能性更高（刘建娥，2014）。社会经济地位能够有效地提高公民的效能感，即社会地位越高，人们的政治效能感越高（丁百仁、王毅杰，2014）。同时，已有研究表明，政治效能感作为一种政治态度对政治参与具有显著的影响，即政治效能感越高，人们参与政治可能性越高；相反，政治效能感越低，则政治参与的概率越低（郑建君，2019）。政治效能感可以划分为内部政治效能感和外部政治效能感（杜海峰等，2015）。

　　此外，根据《国家新型城镇化规划（2014—2020 年）》可知，异地城镇化和就近城镇化面临完全不同的制度安排，两地农民工的政治参与状况也会出现较大的差别。一方面，流动距离跨度越大，农民工面临的制度隔离越大。由于我国地区经济社会发展不均衡，各地方政府仍然存在明显的地方保护主义，省际的政策制度并不相容。例如，不论从福建省还是湖南省的社会保障等相关政策来看，均已逐步实现城乡统筹、全省统筹，而全国统筹尚未实现，省际仍然存在明显制度隔离。另一方面，近年来，城镇化已经形成东部沿海大城市的异地城镇化和中西部中心城市就近城镇化并行的格局。中西部城市在人口结构、产业结构、经济发展水平、社会保障制度与东部沿海城市存在明显的差别。因而，不同地区农民工在市民化过程中政治参与状况会出现较大的差别。

据此，本书基于资源理论提出社会经济地位对农民工政治参与有正向影响，并且该影响可能会通过政治效能感起作用。不同的流动距离、不同的流入地域可能会导致农民工政治参与的作用机制存在差异。具体研究机制如图7-1所示。

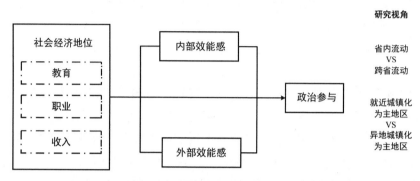

图7-1 社会经济地位对农民工政治参与的分析框架

根据以上分析，本章提出以下研究假设：

假设7-1：社会经济地位越高，农民工政治参与的可能性越大。

假设7-1.1：教育年限越长，农民工政治参与的可能性越大。

假设7-1.2：职业地位越高，农民工政治参与的可能性越大。

假设7-1.3：月收入越高，农民工政治参与的可能性越大。

假设7-2：社会经济地位会通过政治效能感对农民工政治参与起作用。

假设7-2.1a：教育年限会通过内部政治效能感对农民工政治参与起作用。

假设7-2.1b：教育年限会通过外部政治效能感对农民工政治参与起作用。

假设7-2.2a：职业类型会通过内部政治效能感对农民工政治参与起作用。

假设7-2.2b：职业类型会通过外部政治效能感对农民工政治参与起作用。

假设7-2.3a：月收入会通过内部政治效能感对农民工政治参与起作用。

假设7-2.3b：月收入会通过外部政治效能感对农民工政治参与起作用。

假设7-3：流动距离不同，农民工社会经济地位影响政治参与的机制不同。

假设7-3.1：流动距离不同，农民工教育年限影响政治参与的机制不同。

假设7-3.2：流动距离不同，农民工职业类型影响政治参与的机制不同。

假设7-3.3：流动距离不同，农民工月收入影响政治参与的机制不同。

假设7-4：流动地域不同，农民工社会经济地位影响政治参与的机制不同。

假设7-4.1：流动地域不同，农民工教育年限影响政治参与的机制不同。

假设7-4.2：流动地域不同，农民工职业类型影响政治参与的机制不同。

假设7-4.3：流动地域不同，农民工月收入影响政治参与的机制不同。

三、变量设置

（一）政治参与

本章将以第四章政治参与的指标构建为依据进行政治参与的变量设置，具体如下：

1. 基本政治活动参与

政策知晓：询问被访者知不知道"当地政府设立农村外来人口维权直通车"，或"遭遇欠薪或劳动纠纷是可向劳动保障监察机构投诉"，或"政府对农民工劳动争议提供无偿法律援助服务"，并建立快立快结的劳动争议仲裁"绿色通道"，或"满足一定的条件可参与社区选举投票"，或"符合一些条件后可获得 C 市或 X 市户籍"（知道 = 1，不知道 = 0）。

网络表达：询问被访者是否"通过网络和媒体对政府或政府官员行为、政策等发表意见"（有 = 1，无 = 0）。

现实表达：询问被访者"对 C 市或 X 市政府提出改善工作的意见和建议"或"向 C 市或 X 市人大代表、政协委员提意见"（有 = 1，无 = 0）。

政治活动参与：询问被访者有没有参加"政府、社区组织的座谈会或会议等"（有 = 1，无 = 0）。

政治组织参与：询问被访者有没有参加"党团组织、工会、其他政治团体"（有 = 1，无 = 0）。

监督行为：询问被访者有没有"向社区求助/投诉/反映问题"或"上访/集体签名请愿"（有 = 1，无 = 0）。

2. 选举活动参与

参与投票：询问被访者有没有参加过"社区居委会选举"或"人大选举"或"党代会选举"（有 = 1，无 = 0）。

参与竞选：询问被访者有没有作为候选人参加过"社区居委会选举"或"人大选举"或"党代会选举"（有 = 1，无 = 0）。

3. 自组织参与

参与自组织：询问被访者有无参加由群众维权运动形成的组织或"老乡会"（有 = 1，无 = 0）。

最终将所有政治参与进行加总取均值来进行测量，数值越高则代表政治参与的水平越高。由于因变量已经在第二篇现状分析中进行详细的介绍，故本章将不再对其进行详细描述。

（二）社会经济地位

根据维巴和尼的社会经济地位（SES）模型可知，本研究把社会经济地位划分为收入、职业和教育三个指标。具体操作如下：

收入，询问被访者近半年的月收入。

职业，询问被访者从事的职业（自雇者＝2，受雇管理者＝1，受雇普通劳动者＝0）。

受教育年限：询问被访者的教育年限来衡量。

自变量的描述将在第七章第二节进行详细介绍，此处不再对其进行描述。

（三）城镇化类型

流动地域：流动到以就近城镇化为主地区（长沙市）＝1，流动到以异地城镇化为主地区（厦门市）＝0。

流动距离：省内流动＝1，跨省流动＝0。

表7-1　城镇化类型变量的描述表

变量	参照组	取值范围	样本量	均值	方差
流动距离					
省内流动	跨省流动	0，1	2411	0.626	0.484
流动地域					
就近城镇化区域 （长沙市）	异地城镇化区域 （厦门市）	0，1	2415	0.506	0.500

表7-1提供了农民工城镇化类型变量的描述性分析。数据结果表明，在流动距离上，以省内流动农民工为主，约占62.6%；来自就近城镇化为主地区的农民工与来自异地城镇化为主地区的农民工人数几乎各占一半，分布较为均匀。

（四）控制变量

流动时间（连续变量）、流动城市数（连续变量）、性别（男＝1，女＝0）、年龄（连续变量）、婚姻（已婚＝1，未婚＝0）。

表 7-2　控制变量描述

变量	参考项	取值范围	样本量	均值	方差
流动时间	连续变量	0—63	2387	8.391	7.536
流动城市数	连续变量	0—30	2388	1.231	2.183
党员	非党员	0，1	2412	0.047	0.211
已婚	未婚	0，1	2413	0.743	0.437
男性	女性	0，1	2415	0.572	0.495
年龄	连续变量	18—76	2408	34.737	10.250

表 7-2 提供了农民工其他控制变量的描述性分析，数据结果表明，农民工的平均流动时间为 8.391 年，平均流动城市数为 1.231 个，这说明大多数农民工的流入地相对稳定。此外，农民工群体主要以非党员为主，党员比例仅占 4.7%；性别分布较均匀，男性占比约 57.2%；已婚农民工居多（约 74.3%），整体农民工群体年龄偏年轻，平均年龄为 35 岁左右。

四、方法与策略

首先，本章采取描述性统计分析现阶段农民工社会经济地位的总体水平，利用 T 检验/LR 检验比较不同流动距离和流入到不同地域农民工社会经济地位的差异。其次，对教育年限、月收入、职业、内部效能感、外部效能感和政治参与进行相关性分析。最后，利用 STATA 软件中的 SEM 模块构建一组路径分析模型从教育年限、月收入、职业、内部效能感、外部效能感出发，剖析社会经济地位对农民工政治参与的影响机制，并对其进行中介效应检验。为从包含缺失值的观测中获得尽可能多的信息，我们在 SEM 结构方程模型中选择保留缺失值极大似然估计法（Maximum Likelihood with Missing Values，MLMV）方法估计中介方程。MLMV 是一种完全信息（Full information）数据处理方法，不会删除有缺失的样本观测值，能使用全部样本观测值的各阶距信息（Acock，2013）。另外，为探究"省内流动与跨省流动"和"就近城镇化为主地区与异地城镇化为主地区"农民工社会经济地位对政治参与的影响机制是否存在差异，我们进行了多群组 SEM 分析（Simultaneous Analysis of Several Groups）。需要说明的是，通过 SEM 的模型修正指数（Mindices）的检验发现，内部效能感和外部效能感纳入同一个模型时，会严重影响模型的拟合优度，故下文的模型构建中对二者分别建立模型。

第二节 农民工社会经济地位的现状研究

一、农民工社会经济地位的总体水平

表7-3提供了农民工社会经济地位的现状水平。数据结果表明农民工的社会经济地位已经出现了明显的分化。从平均月收入来看，农民工群体内部收入分化已经十分明显，他们的平均月收入为4206.212元，方差值达到了3811.533元。收入最高的20%的农民工平均月收入达到9152.931元，是收入最低的20%农民工平均月收入（1940.644元）的4.7倍，是收入中间的60%农民工平均月收入（3693.284元）的2.5倍。从职业类型来看，其中从事受雇管理层的农民工达到了19.6%，从事自雇就业的也达到了22.24%，超过四成的农民工已经摆脱普通劳动者的行列，进入了更高的职业阶层。从教育年限来看，农民工的受教育程度平均水平达到10.49年，内部方差值为3.043，农民工受教育程度呈现出一个纺锤形。处于小学及下的农民工占比最低（约11.47%），接受了初中和中等教育（高中/中专、技校）的比例相对较高（约72.74%），一部分接受过高等教育（大专及以上）的农民工已经出现（约15.78%）。有研究指出，是否获得大专及以上教育水平可被认为是中产阶层的一个衡量标准（李强，王昊，2017）。可以推测，少数农民工已从底层迈入中产阶层。

表7-3 农民工社会经济地位的现状分析

变量	样本量	均值/百分比	方差
社会经济地位			
月收入（元）	2300	4206.212	3811.533
收入最低的20%	548	1940.644	579.369
收入中间的60%	1360	3693.284	764.399
收入最高的20%	292	9152.931	7090.726

变量	样本量	均值/百分比	方差
职业类型			
受雇普通劳动者	1258	58.16%	/
受雇管理者	424	19.6%	/
自雇者	481	22.24%	/
受教育年限	2414	10.490	3.043
不识字	44	1.82%	/
小学	233	9.65%	/
初中	991	41.05%	/
高中	491	20.34%	/
中专、技校	274	11.35%	/
大专	269	11.14%	/
本科及以上	112	4.64%	/

二、农民工社会经济地位的流动距离差异比较

表7-4提供了农民工社会经济地位的流动距离差异比较。数据结果显示，省内流动与跨省流动的农民工社会经济地位存在着明显的差异，这个差异主要体现在受教育年限和职业类型上，省内流动者的平均受教育年限显著高于跨省流动者，省内流动者从事受雇管理和自雇就业的比例比跨省流动者更高，而跨省流动者比省内流动者从事受雇普通劳动者的比例更高。平均月收入上，省内流动者也略高于跨省流动者，但是这在统计上没有显著差别。

表7-4　农民工社会经济地位的流动距离差异分析

变量	省内流动（n=901）		跨省流动（n=1510）		T/LR
	均值/百分比	方差	均值/百分比	方差	
社会经济地位					

续表

变量	省内流动（n=901）		跨省流动（n=1510）		T/LR
	均值/百分比	方差	均值/百分比	方差	
月收入（元）	4300.517	4485.032	4051.1401	2369.934	ns
职业类型					
受雇普通劳动者	56.46%	/	61.20%	/	
受雇管理者	19.96%	/	19.08%	/	+
自雇者	23.58%	/	19.72%	/	
受教育年限	10.823	3.095	9.937	2.879	***

显著性：*** p<0.001，** p<0.01，* p<0.05，+ p<0.1，ns p>0.1。

三、农民工社会经济地位的流动地域差异比较

表7-5提供了农民工社会经济地位的流动地域的差异比较。数据结果显示，异地城镇化为主地区与就近城镇化为主地区的农民工社会经济地位存在着明显的差异，这个差异主要体现在受教育年限和职业类型上。流动到异地城镇化为主地区（厦门市）的农民工平均受教育年限显著低于流动到就近城镇化为主地区（长沙市）的农民工；与流动到就近城镇化为主地区（长沙市）的农民工相比，流动到异地城镇化为主地区（厦门市）的农民工从事受雇管理和自雇就业的比例更高，从事受雇普通劳动者的比例则更低。此外，流动到就近城镇化为主地区（长沙市）的农民工平均月收入略高于流动到异地城镇化为主地区（厦门市）的农民工，但无统计上的显著差别。

表7-5　农民工社会经济地位的流动地域差异分析

变量	异地城镇化为主地区（厦门市 n=1192）		就近城镇化为主地区（长沙市 n=1223）		T/LR
	均值/百分比	方差	均值/百分比	方差	
社会经济地位					
月收入（元）	4132.987	2844.778	4283.900	4621.314	ns
职业类型					

续表

变量	异地城镇化为主地区 （厦门市 n=1192）		就近城镇化为主地区 （长沙市 n=1223）		T/LR
	均值/百分比	方差	均值/百分比	方差	
受雇普通劳动者	54.84%	/	61.14%	/	
受雇管理者	20.72%	/	18.60%	/	*
自雇者	24.44%	/	20.26%	/	
受教育年限	10.326	2.822	10.651	3.239	**

显著性：*** p<0.001，** p<0.01，* p<0.05，+ p<0.1，ns p>0.1。

第三节　社会经济地位对农民工政治参与的影响机制

表7-6提供了因变量、自变量与中介变量之间的相关性分析。

表7-6　变量的相关性分析（n=2415）

变量名称	政治参与	月收入（ln）	受雇管理	自雇	受教育年限	内部效能感	外部效能感
政治参与	1						
月收入（ln）	0.043***	1					
受雇管理	0.143***	0.147***	1				
自雇	-0.042*	0.109***	-0.230***	1			
受教育年限	0.201***	0.130***	0.180***	-0.116***	1		
内部效能感	0.168***	0.075***	0.099***	-0.036+	0.153***	1	
外部效能感	0.085***	-0.019	-0.030	-0.013	0.0001	0.390***	1

显著性：*** p<0.001，** p<0.01，* p<0.05，+p<0.1，ns p>0.1。

数据结果显示，政治参与和农民工的月收入、职业、受教育年限以及政治效能感均显著相关。其中，月收入、受雇管理、受教育年限、内部效能感和外部效能感均与政治参与呈显著正相关，自雇与政治参与呈显著负向相关。月收入与职业、受教育年限、内部效能感均呈显著正向相关。受雇管理与受教育年限、内部效能感呈显著正相关。自雇与受教育年限呈显著负相关，与内部效能感呈微弱负相关。受教育年限与内部效能感呈显著正相关。

一、教育对农民工政治参与的影响机制分析

图7-2提供了教育年限、内部效能感与农民工政治参与的路径分析模型。结果显示，模型的总体拟合状况良好，最大似然估计值（Log likelihood = -36428.826，p<0.001）、决定系数（CD = 0.140）；近似均方根（RMSEA = 0.000）低于0.05；CFI = 1.000，TLI = 1.000。路径分析结果显示，教育年限对农民工政治参与有显著正向作用（β = 0.187，p<0.001），即教育年限越长，农民工政治参与的概率越大；教育年限对内部效能感有显著正向作用（β = 0.127，p<0.001），即教育年限越长，农民工的内部效能感越强。内部效能感对农民工政治参与有显著的正向影响（β = 0.130，p<0.001），即内部效能感越强，则农民工政治参与的可能性越大。这个结果表明，教育年限、内部效能感对农民工政治参与有直接作用，并且教育年限还可以通过内部效能感对农民工政治参与起部分中介作用。

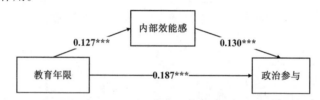

图7-2 教育年限、内部效能感与农民工政治参与的影响路径图

注：*** p<0.001，** p<0.01，* p<0.05，+p<0.1。此模型已包含性别、年龄、婚姻状况、政治面貌、流动时间、流动城市数、流动距离、城市类型作为控制变量。

表7-7 教育年限通过内部效能感对政治参与的影响（n=2415）

项目	内部效能感	政治参与		
		总效应	直接效应	中介效应
教育年限	0.127***	0.203***	0.187***	0.017***
内部效能感	/	0.130***	0.130***	/

续表

项目	内部效能感	政治参与		
		总效应	直接效应	中介效应
男性（女性）	0.010	0.010	0.009	0.001
年龄	-0.065*	0.032	0.040+	-0.008*
已婚（未婚）	0.040+	0.006	0.001	0.005
党员（非党员）	0.062**	0.141***	0.133***	0.008**
流动时间	0.023	0.201***	0.198***	0.003
流动城市数	0.029	0.003	-0.001	0.004
省内（跨省）	-0.001	0.044*	0.044*	-0.0001
就近城镇化为主地区（异地城镇化为主地区）	0.001	-0.062**	-0.062**	0.0001

显著性：*** p<0.001, ** p<0.01, * p<0.05, + p<0.1, ns p>0.1。

为了进一步验证中介机制，我们对中介效应进行了检验，如表 7-7 所示。结果显示，教育年限对政治参与的总效应为 0.203（p<0.001），直接效应为 0.187（p<0.001），中介效应为 0.017（p<0.001）。教育年限对农民工政治参与的间接效应在 0.001 的置信水平上显著，其中中介效应占总效应的 8.37%。这也表明教育年限对农民工政治参与存在部分中介效应，即教育年限对农民工政治参与的影响部分是通过影响其内部效能感实现的。

图 7-3 提供了教育年限、外部效能感与农民工政治参与的路径分析模型。结果显示，模型的总体拟合状况良好，最大似然估计值（Log likelihood = -36469.542，p<0.001）、决定系数（CD = 0.127）；近似均方根（RMSEA = 0.000）低于 0.05；CFI = 1.000，TLI = 1.000。路径分析结果显示，教育年限对政治参与有显著的正向影响（β = 0.204，p<0.001），即教育年限越长，农民工政治参与的概率越大；教育年限对农民工外部效能感没有显著影响（β = 0.001，p>0.1）；外部效能感对农民工政治参与有显著的正向作用（β = 0.073，p<0.001），即外部效能感越强，则农民工政治参与的可能性越大。这个结果表明教育年限、外部效能感对农民工政治参与具有直接作用，中介作用可能不存在。

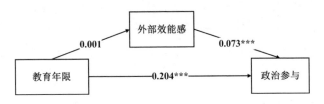

图7-3 教育年限、外部效能感与农民工政治参与的影响路径图

注:*** p<0.001,** p<0.01,* p<0.05,+p<0.1。此模型已包含性别、年龄、婚姻状况、政治面貌、流动时间、流动城市数、流动距离、城市类型作为控制变量。

表7-8 教育年限通过外部效能感对政治参与的影响（n=2415）

项目	外部效能感	政治参与		
		总效应	直接效应	中介效应
教育年限	0.001	0.204***	0.204***	0.00004
外部效能感	/	0.073***	0.073***	/
男性（女性）	0.028	0.010	0.008	0.002
年龄	0.004	0.032	0.031	0.0003
已婚（未婚）	0.005	0.006	0.006	0.0003
党员（非党员）	0.023	0.141***	0.139***	0.002
流动时间	0.006	0.201***	0.201***	0.0004
流动城市数	0.029	0.003	0.001	0.002
省内（跨省）	0.013	0.043*	0.043*	0.001
就近城镇化为主地区（异地城镇化为主地区）	-0.072***	-0.062**	-0.057**	-0.005*

显著性:*** p<0.001,** p<0.01,* p<0.05,+p<0.1,ns p>0.1。

为了进一步验证中介机制，我们对中介效应进行了检验，如表7-8所示。结果显示，教育年限对政治参与的总效应为0.204（p<0.001），直接效应为0.204（p<0.001），中介效应为0.00004（p>0.1）。教育年限对农民工政治参与的中介效应在0.1的置信水平上不显著，这也表明教育年限—外部效能感—政治参与的中介机制不存在。

二、职业类型对农民工政治参与的影响机制分析

图7-4提供了职业类型、内部效能感与农民工政治参与的路径分析模型。结果显示，模型的总体拟合状况良好，最大似然估计值（Log likelihood = -39982.248，p<0.001）、决定系数（CD = 0.119）；近似均方根（RMSEA = 0.000）低于0.05；CFI = 1.000，TLI = 1.000。路径分析结果显示，职业类型对农民工政治参与有显著的影响，相比于受雇普通劳动者，受雇管理者对政治参与有显著的正向作用（β = 0.095，p<0.001），自雇者对农民工政治参与则有显著的负向作用（β = -0.04，p<0.05）。与受雇普通劳动者相比，受雇管理者对农民工内部效能感有显著正向影响（β = 0.081，p<0.001），自雇就业者对内部效能感没有显著影响（β = -0.013，p>0.1）。内部效能感对农民工政治参与有显著的正向作用（β = 0.141，p<0.001），即内部效能感越强，则农民工政治参与的可能性越大。结果表明职业类型、内部效能感对农民工政治参与具有直接作用，且受雇管理者对农民工政治参与有部分中介作用。

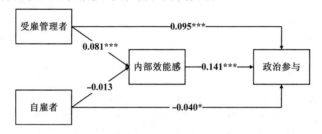

图7-4 职业类型、内部效能感与农民工政治参与的影响路径图

注：*** p<0.001，** p<0.01，* p<0.05，+p<0.1。此模型已包含性别、年龄、婚姻状况、政治面貌、流动时间、流动城市数、流动距离、城市类型作为控制变量。

为了进一步验证中介机制，我们还对中介效应进行了检验，如表7-9所示。结果显示，受雇管理者对政治参与的总效应为0.107（p<0.001），直接效应为0.095（p<0.001），中介效应为0.011（p<0.001）。受雇管理者对农民工政治参与的中介效应在0.01的置信水平上显著，其中中介效应占总效应的10.28%。这也表明受雇管理者对农民工政治参与存在部分中介效应，受雇管理者对农民工政治参与的影响部分是通过影响其内部效能感实现的。自雇者对政治参与的

总效应为 - 0.042（p < 0.05），直接效应为 - 0.040（p < 0.05），中介效应为 - 0.002（p>0.1）。这说明自雇者对农民工政治参与的中介效应在 0.1 的置信水平上不显著，这也表明自雇者—内部效能感—政治参与的中介机制不存在。

表 7-9 职业类型通过内部效能感对政治参与的影响（n = 2415）

项目	内部效能感	政治参与		
		总效应	直接效应	中介效应
职业类型（受雇普通劳动者）				
受雇管理者	0.081***	0.107***	0.095***	0.011**
自雇者	-0.013	-0.042*	-0.040*	-0.002
内部效能感	/	0.141***	0.141***	/
男性（女性）	0.010	0.013	0.011	0.001
年龄	-0.107***	-0.035	-0.020	-0.015***
已婚（未婚）	0.038	0.005	-0.0001	0.005
党员（非党员）	0.079***	0.169***	0.158***	0.011**
流动时间	0.026	0.209***	0.206***	0.004
流动城市数	0.028	0.003	-0.001	0.004
省内（跨省）	0.013	0.067**	0.066**	0.002
就近城镇化为主地区（异地城镇化为主地区）	0.008	-0.051**	-0.052**	0.001

显著性：*** p<0.001，** p<0.01，* p<0.05，+ p<0.1，ns p>0.1。

图 7-5 提供了职业类型、外部效能感与农民工政治参与的路径分析模型。结果显示，模型的总体拟合状况良好，最大似然估计值（Log likelihood = -40015.961，p<0.001）、决定系数（CD = 0.111）；近似均方根（RMSEA = 0.000）低于 0.05；CFI = 1.000，TLI = 1.000。路径分析结果显示，职业类型对农民工政治参与有显著的影响，相比于受雇普通劳动者，受雇管理者对政治参与有显著的正向作用（β = 0.110，p<0.001），自雇者对农民工政治参与则有微

弱的负向作用（β=−0.039，p<0.1）。与受雇普通劳动者相比，受雇管理者对农民工外部效能感有显著负向影响（β=−0.044，p<0.01），自雇就业者对外部效能感没有显著影响（β=−0.032，p>0.1）。外部效能感对农民工政治参与有显著的正向作用（β=0.077，p<0.001），即外部效能感越强，则农民工政治参与的可能性越大。这个结果表明职业类型、外部效能感对农民工政治参与具有直接作用，且受雇管理者对农民工政治参与有部分中介作用。

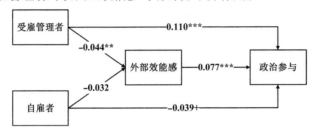

图7-5　职业类型、外部效能感与农民工政治参与的影响路径图

注：*** p<0.001，** p<0.01，* p<0.05，+p<0.1。此模型已包含性别、年龄、婚姻状况、政治面貌、流动时间、流动城市数、流动距离、城市类型作为控制变量。

为了进一步验证中介机制，我们还对中介效应进行了检验，如表7-10所示。结果显示，受雇管理者对政治参与的总效应为0.107（p<0.001），直接效应为0.110（p<0.001），中介效应为−0.003（p<0.1）。受雇管理者对农民工政治参与的中介效应在0.1的置信水平上显著，且间接效应和总效应呈相反的方向。有研究发现，当中介效应与总效应的方向相反时表明中介变量对因变量与自变量的关系起遮掩效应（温忠麟，叶宝娟，2014）。因此，这个结果表明受雇管理者通过外部效能感对政治参与有部分遮掩效应。自雇者对政治参与的总效应为−0.041（p<0.05），直接效应为−0.039（p<0.1），中介效应为−0.002（p>0.1）。这说明自雇者对农民工政治参与的中介效应在0.1的置信水平上不显著，这也表明自雇者—外部效能感—政治参与的中介机制不存在。

表7-10　职业类型通过外部效能感对政治参与的影响（n=2415）

项目	外部效能感	政治参与		
		总效应	直接效应	中介效应
职业类型（受雇普通劳动者）				

项目	外部效能感	政治参与		
		总效应	直接效应	中介效应
受雇管理者	-0.044*	0.107***	0.110***	-0.003+
自雇者	-0.032	-0.041*	-0.039+	-0.002
外部效能感	/	0.077***	0077***	/
男性（女性）	0.033	0.013	0.010	0.003
年龄	0.001*	-0.035	-0.036	0.0001
已婚（未婚）	0.009	0.005	0.005	0.001
党员（非党员）	0.025	0.169***	0.167***	0.002
流动时间	0.011	0.209***	0.209***	0.001
流动城市数	0.033	0.003	0.0003	0.003
省内（跨省）	0.015	0.067**	0.066**	0.001
就近城镇化为主地区（异地城镇化为主地区）	-0.073***	-0.051**	-0.045*	-0.006**

显著性：***p<0.001，**p<0.01，*p<0.05，+p<0.1，ns p>0.1。

三、月收入对农民工政治参与的影响机制分析

图 7-6 提供了月收入、内部效能感与农民工政治参与的路径分析模型。结果显示，模型的总体拟合状况良好，最大似然估计值（Log likelihood = -36496.536，p<0.001）、决定系数（CD=0.104）；近似均方根（RMSEA= 0.000）低于 0.05；CFI=1.000，TLI=1.000。路径分析结果显示，月收入对农民工政治参与没有显著的影响（β=0.013，p>0.1），月收入对内部效能感有显著的正向作用（β=0.062，p<0.01）。内部效能感对农民工政治参与有显著的正向作用（β=0.149，p<0.001），即内部效能感越强，则农民工政治参与的可能性越大。这个结果表明月收入对农民工政治参与没有直接效应，但是月收入可以通过内部效能感对农民工政治参与发挥间接作用。

为了进一步验证中介机制，我们还对中介效应进行了检验，如表 7-11 所

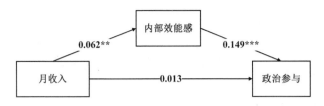

图7-6　月收入、内部效能感与农民工政治参与的影响路径图

注：*** p<0.001，** p<0.01，* p<0.05，+p<0.1。此
模型已包含性别、年龄、婚姻状况、政治面貌、流动时
间、流动城市数、流动距离、城市类型作为控制变量。

示。结果显示，月收入对政治参与的总效应为 0.022（p>0.1），直接效应为
0.013（p>0.1），中介效应为 0.009（p<0.01），月收入对农民工政治参与的间
接效应在 0.01 的置信水平上显著。有研究发现，即使自变量与因变量的总效应
不显著，只要中介效应显著也可以说明自变量与因变量之间存在中介效应
（MacKinnon，Krull，LocKood，2000；Zhao，Lynch，Chen，2010）。这表明月收
入—内部效能感—政治参与的中介机制存在，即月收入可以通过内部效能感影
响政治参与。

表7-11　月收入通过内部效能感对政治参与的影响（n=2415）

项目	内部效能感	政治参与		
		总效应	直接效应	中介效应
月收入	0.062**	0.022	0.013	0.009**
内部效能感	／	0.149***	0.149***	／
男性（女性）	0.004	0.015	0.015	0.001
年龄	-0.109***	-0.046+	-0.029	-0.016***
已婚（未婚）	0.031	-0.001	-0.006	0.005
党员（非党员）	0.082***	0.175***	0.163***	0.012***
流动时间	0.031	0.215***	0.210***	0.005
流动城市数	0.024	0.002	-0.001	0.004
省内（跨省）	0013	0.067**	0.065**	0.002

续表

项目	内部效能感	政治参与		
		总效应	直接效应	中介效应
就近城镇化为主地区（异地城镇化为主地区）	0.012	−0.049*	−0.051**	0.002

显著性：*** p<0.001，** p<0.01，* p<0.05，+ p<0.1，ns p>0.1。

图 7-7 提供了月收入、外部效能感与农民工政治参与的路径分析模型。结果显示，模型的总体拟合状况良好，最大似然估计值（Log likelihood = −36530.399，p<0.001）、决定系数（CD=0.095）；近似均方根（RMSEA = 0.000）低于0.05；CFI=1.000，TLI=1.000。路径分析结果显示，月收入对农民工政治参与没有显著的影响（β=0.025，p>0.1），月收入对外部效能感有微弱的负向作用（β=−0.036，p<0.1）。外部效能感对农民工政治参与有显著的正向作用（β=0.075，p<0.001），即外部效能感越强，则农民工政治参与的可能性越大。这个结果表明月收入对农民工政治参与没有直接效应，但是月收入可以通过外部效能感对农民工政治参与发挥间接作用。

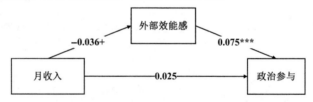

图 7-7　月收入、外部效能感与农民工政治参与的影响路径图

注：*** p<0.001，** p<0.01，* p<0.05，+p<0.1。此模型已包含性别、年龄、婚姻状况、政治面貌、流动时间、流动城市数、流动距离、城市类型作为控制变量。

为了进一步验证中介机制，我们还对中介效应进行了检验，如表 7-12 所示。结果显示，月收入对政治参与的总效应为 0.022（p>0.1），直接效应为 0.025（p>0.1），中介效应为−0.003（p>0.1），月收入对农民工政治参与的中介效应在 0.1 的置信水平上不显著。这表明月收入对政治参与没有影响，月收入—外部效能感—政治参与的中介机制不存在。

表7-12 月收入通过外部效能感对政治参与的影响（n＝2415）

项目	外部效能感	政治参与		
		总效应	直接效应	中介效应
月收入	-0.036+	0.022	0.025	-0.003
外部效能感	/	0.075***	0.075***	/
男性（女性）	0.035+	0.015	0.013	0.003
年龄	-0.00002	-0.046+	-0.046+	0.000
已婚（未婚）	0.008	-0.001	-0.001	0.001
党员（非党员）	0.025	0.175***	0.173***	0.002
流动时间	0.007	0.215***	0.215***	0.001
流动城市数	0.033	0.002	0.0001	0.002
省内（跨省）	0.013	0.067**	0.065**	0.001
就近城镇化为主地区（异地城镇化为主地区）	-0.075***	-0.049*	-0.043*	-0.006**

显著性：*** $p<0.001$，** $p<0.01$，* $p<0.05$，+ $p<0.1$，ns $p>0.1$。

第四节 社会经济地位对农民工政治参与影响的流动距离差异

本节以流动距离作为视角，深入剖析就近流动（省内流动）与远距离流动（跨省流动）的农民工社会经济地位对政治参与影响机制的差异。需要说明的是，在本节的计算中将流动距离缺失的样本进行删除，最终进入分析的样本数为2411个，其中省内流动的样本数为1510个，跨省流动的样本数为901个。

一、不同流动距离农民工的教育对政治参与的影响差异

图7-8与表7-13的数据结果显示：其一，对于省内流动的农民工来说，教育年限越长，则农民工的内部效能感越强，进行政治参与的概率越大。从中介效应检验中发现，农民工教育年限对政治参与的中介效应在0.01的置信水平上

显著，这表明省内流动的农民工的教育年限会通过内部效能感对政治参与起作用，其中中介效应占总效应的 5.96%。其二，对于跨省流动的农民工来说，教育年限对内部效能感、政治参与依然有显著的正向作用，内部效能感对农民工政治参与也有明显的正向影响。从中介效应检验也可以发现，农民工教育年限对政治参与的中介效应在 0.01 的置信水平上显著，表明跨省流动的农民工的教育年限会通过内部效能感对政治参与起作用，其中中介效应占总效应的14.08%。由此可以发现，与跨省流动的农民工群体相比，近距离省内流动的农民工教育年限对政治参与的直接影响更大，教育年限通过内部效能感影响政治参与的中介影响更小。

图7-8 教育年限、内部效能感对农民工政治参与影响机制的流动距离差异图

注：***p<0.001，**p<0.01，*p<0.05，+p<0.1。此模型已包含性别、年龄、婚姻状况、政治面貌、流动时间、流动城市数、城市类型控制变量。最大似然估计值（Log likelihood = -32430.283）、决定系数（CD = 0.156）；近似均方根（RMSEA = 0.000）低于0.05；CFI=1.000，TLI=1.000，模型拟合良好。

表7-13 教育年限通过内部效能感对政治参与影响的流动距离差异比较

项目	内部效能感	政治参与		
		总效应	直接效应	中介效应
省内流动（n=1510）				
教育年限	0.124***	0.235***	0.221***	0.014**
内部效能感	/	0.114***	0.114***	/
跨省流动（n=901）				
教育年限	0.127***	0.142***	0.122***	0.020**
内部效能感	/	0.158***	0.158***	/

显著性：***p<0.001，**p<0.01，*p<0.05，+p<0.1，ns p>0.1。

图7-9与表7-14的数据结果显示：其一，对于省内流动的农民工来说，教育年限越长，进行政治参与的概率越大；农民工的外部效能感越强，他们进行政治参与的可能性越大。从中介效应检验中发现，农民工教育年限对政治参与的中介效应在0.1的置信水平上不显著，这表明省内流动的农民工的教育年限不会通过外部效能感对政治参与起作用，中介机制不存在。其二，对于跨省流动的农民工来说，教育年限对政治参与依然有显著的正向作用，外部效能感对农民工政治参与也有明显的正向影响。从中介效应检验发现，农民工教育年限对政治参与的中介效应在0.1的置信水平上不显著，表明跨省流动的农民工的教育年限不会通过外部效能感对政治参与起作用，中介机制不存在。由此可以发现，不论是跨省流动还是省内流动农民工的教育年限均不会通过外部效能感影响政治参与，两个群体的影响机制不存在明显差异。

图7-9　教育年限、外部效能感对农民工政治参与影响机制的流动距离差异图

注：*** p<0.001，** p<0.01，* p<0.05，+p<0.1。此模型已包含性别、年龄、婚姻状况、政治面貌、流动时间、流动城市数、城市类型控制变量。最大似然估计值（Log likelihood = -32481.905）、决定系数（CD = 0.133）；近似均方根（RMSEA = 0.000）低于0.05；CFI = 1.000，TLI = 1.000，模型拟合良好。

表7-14　教育年限通过外部效能感对政治参与影响的流动距离差异比较

项目	外部效能感	政治参与		
		总效应	直接效应	中介效应
省内流动（n=1510）				
教育年限	0.002	0.235***	0.235***	0.0002
外部效能感	/	0.083**	0.083**	/
跨省流动（n=901）				
教育年限	-0.012	0.141***	0.142***	-0.001
外部效能感	/	0.054+	0.054+	/

显著性：*** p<0.001，** p<0.01，* p<0.05，+ p<0.1，ns p>0.1。

总而言之，跨省流动和省内流动的农民工教育年限影响政治参与的机制相近。具体而言，农民工的教育年限对政治参与主要是直接影响和通过内部效能感对政治参与起间接作用。比较而言，省内流动的农民工教育年限对政治参与的直接影响更大，跨省流动的农民工教育年限通过内部效能感影响政治参与的中介影响更大。

二、不同流动距离农民工的职业对政治参与的影响差异

图7-10与表7-15的数据结果显示：其一，对于省内流动的农民工来说，与受雇普通劳动者相比，受雇管理者对政治参与、内部效能感具有显著正向影响；内部效能感越强则农民工政治参与的概率越大；自雇者对政治参与和内部效能感均无显著作用。从中介效应检验中发现，农民工受雇管理者对政治参与的中介效应在0.05的置信水平上显著，表明省内流动的农民工的职业类型中的受雇管理就业会通过内部效能感对政治参与起作用，其中中介效应占总效应的7.76%。其二，对于跨省流动的农民工来说，受雇管理者对内部效能感、政治参与依然有显著的正向作用，内部效能感对农民工政治参与有明显的正向影响；而自雇者对政治参与和内部效能感均无显著作用。从中介效应检验也可以发现，农民工受雇管理者对政治参与的中介效应在0.05的置信水平上显著，表明跨省流动的农民工的职业类型中的受雇管理就业会通过内部效能感对政治参与起作用，其中中介效应占总效应的13.83%。由此可以发现，与跨省流动的农民工群体相比，省内流动的农民工职业类型通过内部效能感影响政治参与的中介影响更小。

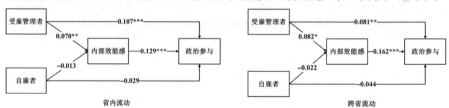

图7-10 职业类型、内部效能感对农民工政治参与影响机制的流动距离差异图

注：*** p<0.001，** p<0.01，* p<0.05，+p<0.1。此模型已包含性别、年龄、婚姻状况、政治面貌、流动时间、流动城市数、城市类型控制变量。最大似然估计值（Log likelihood＝－35963.739）、决定系数（CD＝0.133）；近似均方根（RMSEA＝0.000）低于0.05；CFI＝1.000，TLI＝1.000，模型拟合良好。

表7-15　职业类型通过内部效能感对政治参与影响的流动距离差异比较

项目	内部效能感	政治参与		
		总效应	直接效应	中介效应
省内流动（n=1510）				
职业类型（受雇普通劳动者）				
受雇管理者	0.070**	0.116***	0.107***	0.009*
自雇者	-0.013	-0.031	-0.029	-0.002
内部效能感	/	0.129***	0.129***	/
跨省流动（n=901）				
职业类型（受雇普通劳动者）				
受雇管理者	0.082*	0.094**	0.081**	0.013*
自雇者	-0.022	-0.047	-0.044	-0.003
内部效能感	/	0.162***	0.162***	/

显著性：***p<0.001，**p<0.01，*p<0.05，+p<0.1，ns p>0.1。

图7-11与表7-16的数据结果显示：其一，对于省内流动的农民工来说，与受雇普通劳动者相比，受雇管理者对政治参与具有显著正向影响；外部效能感越强则农民工政治参与的概率越大。从中介效应检验中发现，农民工职业类型对政治参与的中介效应在0.1的置信水平上不显著，这表明省内流动的农民工的职业类型不会通过外部效能感对政治参与起作用，中介机制不存在。其二，对于跨省流动的农民工来说，受雇管理者对外部效能感有显著的负向作用，对政治参与则有显著的正向作用；外部效能感对政治参与有显著的正向作用；而自雇者对政治参与和外部效能感均无显著作用。中介效应检验可以发现，农民工职业类型对政治参与的中介效应在0.1的置信水平上不显著，表明跨省流动的农民工的职业类型不会通过外部效能感对政治参与起作用，不存在中介机制。由此可以发现，跨省流动和省内流动农民工的职业类型中的受雇管理者均对政治参与存在直接的正向影响，并且均不存在中介机制。此外，两类农民工在职业类型对外部效能感的影响存在差异，即省内流动的职业类型对外部效能感没

有显著作用，而省外流动的受雇管理者比受雇普通劳动者的外部效能感更低。

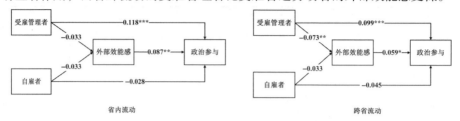

省内流动　　　　　　　　　　　　　　　　跨省流动

图 7-11　职业类型、外部效能感对农民工政治参与影响机制的流动距离差异图

注：*** p<0.001，** p<0.01，* p<0.05，+p<0.1。此模型已包含性别、年龄、婚姻状况、政治面貌、流动时间、流动城市数、城市类型控制变量。最大似然估计值（Log likelihood = −36006.646）、决定系数（CD = 0.115）；近似均方根（RMSEA = 0.000）低于 0.05；CFI = 1.000，TLI = 1.000，模型拟合良好。

表 7-16　职业类型通过外部效能感对政治参与影响的流动距离差异比较

项目	外部效能感	政治参与		
		总效应	直接效应	中介效应
省内流动（n=1510）				
职业类型（受雇普通劳动者）				
受雇管理者	−0.033	0.115***	0.118***	−0.003
自雇者	−0.033	−0.031	−0.028	−0.003
外部效能感	/	0.087**	0.087**	/
跨省流动（n=901）				
职业类型（受雇普通劳动者）				
受雇管理者	−0.073*	0.094**	0.099***	−0.004
自雇者	−0.033	−0.047	−0.045	−0.002
外部效能感	/	0.059*	0.059*	/

显著性：*** p<0.001，** p<0.01，* p<0.05，+ p<0.1，ns p>0.1。

综上所述，跨省流动和省内流动农民工的职业类型影响政治参与的机制相近。具体而言，农民工的职业类型对政治参与主要是起直接影响和通过内部效能感对政治参与起间接作用。比较而言，跨省流动的农民工的职业类型通过内部效能感影响政治参与的中介影响比省内流动者更大；跨省流动的农民工职业类型对外部效能感有显著负向影响，而省内农民工的职业类型对外部效能感没有影响。

三、不同流动距离农民工的收入对政治参与的影响差异

图 7-12 与表 7-17 的数据结果显示：其一，对于省内流动的农民工来说，月收入对农民工的内部效能感有微弱正向影响，对政治参与没有显著影响；农民工的内部效能感越强，他们进行政治参与的可能性越大。中介效应检验结果发现，农民工月收入对政治参与的中介效应在 0.1 的置信水平上显著，这表明省内流动的农民工的月收入会通过内部效能感对政治参与起作用，其中中介效应占总效应的 43.75%。其二，对于跨省流动的农民工来说，月收入对内部效能感依然有显著的正向作用，对政治参与没有显著影响；而内部效能感对农民工政治参与有明显的正向影响。从中介效应检验也可以发现，农民工月收入对政治参与的中介效应在 0.05 的置信水平上显著，表明跨省流动的农民工的月收入会通过内部效能感对政治参与起作用，其中中介效应占总效应的 35%。由此可以发现，跨省流动和省内流动的农民工月收入对政治参与均存在显著的中介作用，而直接效应和总效应不显著。

图 7-12　月收入、内部效能感对农民工政治参与影响机制的流动距离差异图

注：*** p<0.001，** p<0.01，* p<0.05，+p<0.1。此模型已包含性别、年龄、婚姻状况、政治面貌、流动时间、流动城市数、城市类型控制变量。最大似然估计值（Log likelihood = -32485.345）、决定系数（CD = 0.119）；近似均方根（RMSEA = 0.000）低于 0.05；CFI = 1.000，TLI = 1.000，模型拟合良好。

表7-17　月收入通过内部效能感对政治参与影响的流动距离差异比较

项目	内部效能感	政治参与		
		总效应	直接效应	中介效应
省内流动（n=1510）				
月收入	0.049+	0.016	0.009	0.007+
内部效能感	/	0.137***	0.137***	/
跨省流动（n=901）				
月收入	0.084*	0.040	0.025	0.014*
内部效能感	/	0.169***	0.169***	/

显著性：***p<0.001，**p<0.01，*p<0.05，+p<0.1，ns p>0.1。

图7-13与表7-18的数据结果显示：其一，对于省内流动的农民工来说，月收入对政治参与和外部效能感均不存在显著影响，外部效能感则对政治参与有显著的正向作用。中介效应检验中发现，月收入通过外部效能感对政治参与影响的中介机制不存在。其二，跨省流动农民工与省内流动的影响机制相近，即月收入对政治参与和外部效能感均不存在显著影响，外部效能感则对政治参与有显著的正向作用。中介效应检验中发现，月收入通过外部效能感对政治参与影响的中介机制不存在。

图7-13　月收入、外部效能感对农民工政治参与影响机制的流动距离差异图

注：***p<0.001，**p<0.01，*p<0.05，+p<0.1。此模型已包含性别、年龄、婚姻状况、政治面貌、流动时间、流动城市数、城市类型控制变量。最大似然估计值（Log likelihood=−32530.117）、决定系数（CD=0.100）；近似均方根（RMSEA=0.000）低于0.05；CFI=1.000，TLI=1.000，模型拟合良好。

表 7-18　月收入通过外部效能感对政治参与影响的流动距离差异比较

项目	外部效能感	政治参与		
		总效应	直接效应	中介效应
省内流动（n=1510）				
月收入	−0.032	−0.015	0.018	−0.003
外部效能感	/	0.085**	0.085**	/
跨省流动（n=901）				
月收入	−0.050	0.040	0.043	−0.003
外部效能感	/	0.054+	0.054+	/

显著性：***p<0.001，**p<0.01，*p<0.05，+p<0.1，ns p>0.1。

　　综上所述，跨省流动和省内流动农民工的月收入影响政治参与的机制相近。具体而言，农民工的月收入对政治参与主要是通过内部效能感对政治参与起间接作用。

第五节　社会经济地位对农民工政治参与影响的流动区域差异

　　本节以流动区域作为视角，深入剖析流动到就近城镇化为主地区（长沙市）与流动到异地城镇化为主地区（厦门市）的农民工社会经济地位对政治参与影响机制的差异。需要说明的是，在本节最终进入分析的样本数为2415个，其中就近城镇化为主地区（长沙市）的样本数为1223个，异地城镇化为主地区（厦门市）的样本数为1192个。

一、不同地域农民工的教育对政治参与的影响差异

　　图 7-14 与表 7-19 的数据结果显示：其一，对于流动到就近城镇化为主地区（长沙市）的农民工来说，教育年限越长，则农民工的内部效能感越强，进行政治参与的概率越大。从中介效应检验中发现，农民工教育年限对政治参与的中介效应在 0.05 的置信水平上显著，这表明流动到就近城镇化为主地区（长沙市）的农民工的教育年限会通过内部效能感对政治参与起作用，其中中介效

应占总效应的 5.26%。其二，对于流动到异地城镇化为主地区（厦门市）的农民工来说，教育年限对内部效能感、政治参与依然有显著的正向作用，内部效能感对农民工政治参与也有明显的正向影响。从中介效应检验也可以发现，农民工教育年限对政治参与的中介效应在 0.001 的置信水平上显著，表明流动到异地城镇化为主地区（厦门市）的农民工的教育年限会通过内部效能感对政治参与起作用，其中中介效应占总效应的 10.45%。由此可以发现，流动到异地城镇化为主地区（厦门市）的农民工教育年限通过内部效能感影响政治参与的影响大于流动到就近城镇化为主地区（长沙市）的农民工群体。

图 7-14 教育年限、内部效能感对农民工政治参与影响机制的流动区域差异图

注：*** p<0.001，** p<0.01，* p<0.05，+p<0.1。此模型已包含性别、年龄、婚姻状况、政治面貌、流动时间、流动城市数、流动距离控制变量。最大似然估计值（Log likelihood = −32747.438）、决定系数（CD = 0.165）；近似均方根（RMSEA = 0.000）低于 0.05；CFI = 1.000，TLI = 1.000，模型拟合良好。

表 7-19 教育年限通过内部效能感对政治参与影响的流动区域差异比较

项目	内部效能感	政治参与		
		总效应	直接效应	中介效应
就近城镇化为主地区 （长沙市 n=1223）				
教育年限	0.162***	0.190***	0.180***	0.010*
内部效能感	/	0.124***	0.124***	/
异地城镇化为主地区 （厦门市 n=1192）				
教育年限	0.080*	0.220***	0.197***	0.023***
内部效能感	/	0.143***	0.143***	/

显著性：*** p<0.001，** p<0.01，* p<0.05，+ p<0.1，ns p>0.1。

　　图 7-15 与表 7-20 的数据结果显示：其一，对于流动到就近城镇化为主地区（长沙市）的农民工来说，教育年限越长，农民工政治参与的概率越大。外部效能感对政治参与有显著正向影响，即农民工的外部效能感越强，他们进行政治参与的可能性越大。从中介效应检验中发现，农民工教育年限对政治参与的中介效应在 0.1 的置信水平上不显著，这表明流动到就近城镇化为主地区（长沙市）的农民工的教育年限不会通过外部效能感对政治参与起作用，中介机制不存在。其二，对于流动到异地城镇化为主地区（厦门市）的农民工来说，教育年限对政治参与依然有显著的正向作用，外部效能感对政治参与没有显著影响，且从中介效应检验发现，农民工教育年限对政治参与的中介效应在 0.1 的置信水平上不显著，中介机制不存在。由此可以发现，不论是流动到就近城镇化为主地区（长沙市）还是流动到异地城镇化为主地区（厦门市）的农民工的教育年限均不会通过外部效能感影响政治参与，两个群体的中介机制均不存在。

图 7-15　教育年限、外部效能感对农民工政治参与影响机制的流动区域差异图

注：$***$ $p<0.001$，$**$ $p<0.01$，$*$ $p<0.05$，$+p<0.1$。此模型已包含性别、年龄、婚姻状况、政治面貌、流动时间、流动城市数、流动距离控制变量。最大似然估计值（Log likelihood = -32802.415）、决定系数（CD = 0.134）；近似均方根（RMSEA = 0.000）低于 0.05；CFI = 1.000，TLI = 1.000，模型拟合良好。

表 7-20　教育年限通过外部效能感对政治参与影响的流动区域差异比较

项目	外部效能感	政治参与		
		总效应	直接效应	中介效应
就近城镇化为主地区 （长沙市 n = 1223）				
教育年限	−0.027	0.190$***$	0.192$***$	−0.003
外部效能感	/	0.096$**$	0.096$**$	/

续表

项目	外部效能感	政治参与		
		总效应	直接效应	中介效应
异地城镇化为主地区 （厦门市 n=1192）				
教育年限	0.029	0.220***	0.219***	0.001
外部效能感	/	0.036	0.036	/

显著性：***p<0.001，**p<0.01，*p<0.05，+p<0.1，ns p>0.1。

总而言之，流动到就近城镇化为主地区（长沙市）和流动到异地城镇化为主地区（厦门市）的农民工教育年限影响政治参与的机制相近。具体而言，农民工的教育年限对政治参与主要是直接影响和通过内部效能感对政治参与起间接作用。比较而言，流动到异地城镇化为主地区（厦门市）的农民工教育年限通过内部效能感影响政治参与的中介影响更大。

二、不同地域农民工的职业对政治参与的影响差异

图7-16与表7-21的数据结果显示：其一，对于流动到以就近城镇化为主地区（长沙市）的农民工来说，与受雇普通劳动者相比，受雇管理者对政治参与、内部效能感具有显著正向影响；内部效能感越强则农民工政治参与的概率越大；自雇者对政治参与和内部效能感均无显著作用。从中介效应检验中发现，农民工受雇管理者对政治参与的中介效应在0.05的置信水平上显著，这表明流动到以就近城镇化为主地区（长沙市）的农民工的职业类型中的受雇管理就业会通过内部效能感对政治参与起作用，其中中介效应占总效应的12.12%。其二，对于流动到以异地城镇化为主地区（厦门市）的农民工来说，受雇管理者对内部效能感有微弱的正向作用，对政治参与有显著的正向作用，而自雇者对内部效能感、政治参与有显著的负向作用；内部效能感对农民工政治参与有明显的正向影响。从中介效应检验也可以发现，农民工受雇管理者对政治参与的中介效应在0.1的置信水平上显著，其中中介效应占总效应的7.14%；农民工自雇者对政治参与的中介效应在0.05的置信水平上显著，其中中介效应占总效应的18.03%。表明流动到异地城镇化为主地区（厦门市）的农民工的职业类型会通过内部效能感对政治参与起作用。由此可以发现，流动到就近城镇化为主

地区农民工（长沙市）的农民工群体与流动到异地城镇化为主地区（厦门市）的农民工的职业类型对政治参与均存在中介机制。

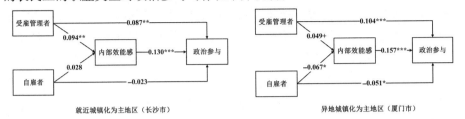

图7-16 职业类型、内部效能感对农民工政治参与影响机制的流动区域差异图

注：*** p<0.001，** p<0.01，* p<0.05，+p<0.1。此模型已包含性别、年龄、婚姻状况、政治面貌、流动时间、流动城市数、流动距离控制变量。最大似然估计值（Log likelihood = −36290.814）、决定系数（CD = 0.149）；近似均方根（RMSEA = 0.000）低于0.05；CFI = 1.000，TLI = 1.000，模型拟合良好。

表7-21 职业类型通过内部效能感对政治参与影响的流动区域差异比较

项目	内部效能感	政治参与		
		总效应	直接效应	中介效应
就近城镇化为主地区（长沙市 n=1223）				
职业类型（受雇普通劳动者）				
受雇管理者	0.094**	0.099**	0.087**	0.012*
自雇者	0.028	−0.020	−0.023	0.004
内部效能感	/	0.130***	0.130***	/
异地城镇化为主地区（厦门市 n=1192）				
职业类型（受雇普通劳动者）				
受雇管理者	0.049+	0.112***	0.104***	0.008+
自雇者	−0.067*	−0.061*	−0.051*	−0.011*
内部效能感	/	0.157***	0.157***	/

显著性：*** p<0.001，** p<0.01，* p<0.05，+ p<0.1，ns p>0.1。

　　图7-17与表7-22的数据结果显示：其一，对于流动到就近城镇化为主地区（长沙市）的农民工来说，与受雇普通劳动者相比，受雇管理者对政治参与具有显著正向影响；外部效能感越强则农民工政治参与的概率越大。从中介效应检验中发现，农民工职业类型对政治参与的中介效应在0.1的置信水平上不显著，这表明流动到就近城镇化为主地区（长沙市）的农民工的职业类型不会通过外部效能感对政治参与起作用，中介机制不存在。其二，对于流动到异地城镇化为主地区（厦门市）的农民工来说，受雇管理者对外部效能感有显著的负向作用，对政治参与则有显著的正向作用；自雇者对政治参与和外部效能感均有显著的负向作用；外部效能感对政治参与有显著的正向作用。中介效应检验可以发现，农民工职业类型对政治参与的中介效应在0.1的置信水平上不显著，表明流动到异地城镇化为主地区（厦门市）的农民工的职业类型不会通过外部效能感对政治参与起作用，不存在中介机制。由此可以发现，流动到就近城镇化为主地区（长沙市）和流动到异地城镇化为主地区（厦门市）的农民工职业类型中的受雇管理者均对政治参与存在直接的正向影响，并且均不存在中介机制。此外，两类农民工在职业类型中的自雇就业者的作用存在差异，即流动到异地城镇化为主地区农民工（厦门市）的自雇者对政治参与、外部效能感有显著负向作用，而流动到就近城镇化为主地区农民工（长沙市）的自雇者对政治参与、外部效能感没有明显影响。

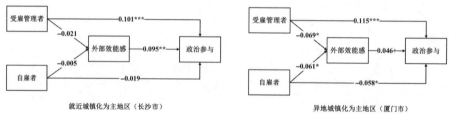

图7-17　职业类型、外部效能感对农民工政治参与影响机制的流动区域差异图

注：*** p<0.001，** p<0.01，* p<0.05，+p<0.1。此模型已包含性别、年龄、婚姻状况、政治面貌、流动时间、流动城市数、流动距离控制变量。最大似然估计值（Log likelihood = -36339.591）、决定系数（CD = 0.118）；近似均方根（RMSEA = 0.000）低于0.05；CFI=1.000，TLI=1.000，模型拟合良好。

表 7-22　职业类型通过外部效能感对政治参与影响的流动区域差异比较

项目	外部效能感	政治参与		
		总效应	直接效应	中介效应
就近城镇化为主地区 （长沙市 n = 1223）				
职业类型（受雇普通劳动者）				
受雇管理者	-0.021	0.099**	0.101**	-0.002
自雇者	-0.005	-0.019	-0.019	-0.0005
外部效能感	/	0.095**	0.095**	/
异地城镇化为主地区 （厦门市 n = 1192）				
职业类型（受雇普通劳动者）				
受雇管理者	-0.069*	0.112***	0.115***	-0.003
自雇者	-0.061*	-0.061*	-0.058*	-0.003
外部效能感	/	0.046+	0.046+	/

显著性：*** p<0.001, ** p<0.01, * p<0.05, + p<0.1, ns p>0.1。

综上所述，两类农民工的职业类型影响政治参与的机制存在差异。具体而言，流动到异地城镇化为主地区（厦门市）农民工的职业类型中自雇者对政治参与有直接影响，也会通过内部效能感影响政治参与，而流动到就近城镇化为主地区（长沙市）农民工的自雇者对外部效能感、政治参与均无明显作用。

三、不同地域农民工的收入对政治参与的影响差异

图 7-18 与表 7-23 的数据结果显示：其一，对于流动到就近城镇化为主地区（长沙市）的农民工来说，月收入对农民工的内部效能感、政治参与均没有显著影响；农民工的内部效能感越强，他们进行政治参与的可能性越大。从中介效应检验中发现，农民工月收入对政治参与的中介效应在 0.1 的置信水平上不显著，这表明中介机制不存在。其二，对于流动到异地城镇化为主地区（厦门市）的农民工来说，月收入对内部效能感、政治参与均有显著的正向作用；

内部效能感对农民工政治参与有明显的正向影响。从中介效应检验也可以发现，农民工月收入对政治参与的中介效应在 0.01 的置信水平上显著，表明流动到异地城镇化为主地区（厦门市）的农民工的月收入会通过内部效能感对政治参与起作用，其中中介效应占总效应的 17.5%。由此可以发现，流动到异地城镇化为主地区（厦门市）的农民工月收入对政治参与存在显著的直接和中介作用，而流动到就近城镇化为主地区（长沙市）的农民工月收入对政治参与的总效应、直接效应和中介效应均不显著。

图 7-18　月收入、内部效能感对农民工政治参与影响机制的流动区域差异图

注：*** p<0.001，** p<0.01，* p<0.05，+p<0.1。此模型已包含性别、年龄、婚姻状况、政治面貌、流动时间、流动城市数、流动距离控制变量。最大似然估计值（Log likelihood = −32682.408）、决定系数（CD = 0.135）；近似均方根（RMSEA = 0.000）低于 0.05；CFI=1.000，TLI=1.000，模型拟合良好。

表 7-23　月收入通过内部效能感对政治参与影响的流动区域差异比较

项目	内部效能感	政治参与		
		总效应	直接效应	中介效应
就近城镇化为主地区（长沙市 n=1223）				
月收入	0.029	−0.011	−0.015	0.004
内部效能感	/	0.137***	0.137***	/
异地城镇化为主地区（厦门市 n=1192）				
月收入	0.128**	0.120***	0.099**	0.021**
内部效能感	/	0.162***	0.162***	/

显著性：*** p<0.001，** p<0.01，* p<0.05，+ p<0.1，ns p>0.1。

图 7-19 与表 7-24 的数据结果显示：对于流动到就近城镇化为主地区（长

沙市）的农民工来说，月收入对政治参与和外部效能感均不存在显著影响，外部效能感则对政治参与有显著的正向作用。中介效应检验中发现，月收入通过外部效能感对政治参与影响的中介机制不存在。流动到异地城镇化为主地区（厦门市）的农民工来说，月收入对政治参与有显著的正向作用，对外部效能感不存在明显影响，外部效能感则对政治参与有显著的正向作用。中介效应检验中发现，月收入通过外部效能感对政治参与影响的中介机制不存在。

综上所述，流动到就近城镇化为主地区（长沙市）和流动到异地城镇化为主地区（厦门市）的农民工的月收入影响政治参与的机制存在明显差异。具体而言，流动到异地城镇化为主地区（厦门市）的农民工的月收入对政治参与有直接作用，但不会通过外部效能感对政治参与起间接作用；而流动到就近城镇化为主地区（长沙市）的农民工的月收入对政治参与没有明显作用。

图7-19　月收入、外部效能感对农民工政治参与影响机制的流动区域差异图

注：*** p<0.001，** p<0.01，* p<0.05，+p<0.1。此模型已包含性别、年龄、婚姻状况、政治面貌、流动时间、流动城市数、流动距离控制变量。最大似然估计值（Log likelihood = -32732.521）、决定系数（CD = 0.105）；近似均方根（RMSEA = 0.000）低于0.05；CFI=1.000，TLI=1.000，模型拟合良好。

表7-24　月收入通过外部效能感对政治参与影响的流动区域差异比较

项目	外部效能感	政治参与		
		总效应	直接效应	中介效应
就近城镇化为主地区 （长沙市 n=1223）				
月收入	-0.033	-0.011	-0.008	-0.003
外部效能感	/	0.093 **	0.093 **	/
异地城镇化为主地区 （厦门市 n=1192）				
月收入	-0.047	0.119 ***	0.121 ***	-0.002

续表

项目	外部效能感	政治参与		
		总效应	直接效应	中介效应
外部效能感	/	0.045+	0.045+	/

显著性:*** p<0.001,** p<0.01,* p<0.05, + p<0.1, ns p>0.1。

第六节　社会经济地位对农民工政治参与影响机制的总结

从社会经济地位、政治效能感对农民工政治参与影响机制的验证结果来看（见表7-25），社会经济地位对农民工政治参与的直接影响，以及通过政治效能感对政治参与的间接影响的假设基本得到验证（假设7-1、假设7-2得到验证）。对处于不同市民化状态的农民工的比较结果来看，一方面，流动距离不同不会导致社会经济地位对农民工政治参与的影响机制出现差异，假设7-3没有得到验证；另一方面，流动的地域不同会导致社会经济地位对农民工政治参与的影响机制出现明显差异，假设7-4得到验证。这说明流动地域的差异比流动距离的差异对农民工的社会经济地位对政治参与作用机制的影响大。

表7-25　社会经济地位、政治效能感对农民工政治参与影响的假设验证情况

需要验证的假设	是否通过验证
假设7-1：社会经济地位越高，农民工政治参与的可能性越大。	√
假设7-1.1：教育年限越长，农民工政治参与的可能性越大。	√
假设7-1.2：职业地位越高，农民工政治参与的可能性越大。	√
假设7-1.3：月收入越高，农民工政治参与的可能性越大。	×
假设7-2：社会经济地位会通过政治效能感对农民工政治参与起作用。	√
假设7-2.1a：教育年限会通过内部政治效能感对农民工政治参与起作用。	√
假设7-2.1b：教育年限会通过外部政治效能感对农民工政治参与起作用。	×

需要验证的假设	是否通过验证
假设 7-2.2a：职业类型会通过内部政治效能感对农民工政治参与起作用。	√
假设 7-2.2b：职业类型会通过外部政治效能感对农民工政治参与起作用。	√
假设 7-2.3a：月收入会通过内部政治效能感对农民工政治参与起作用。	√
假设 7-2.3b：月收入会通过外部政治效能感对农民工政治参与起作用。	×
假设 7-3：流动距离不同，农民工社会经济地位影响政治参与的机制不同。	×
假设 7-3.1：流动距离不同，农民工教育年限影响政治参与的机制不同。	×
假设 7-3.2：流动距离不同，农民工职业类型影响政治参与的机制不同。	×
假设 7-3.3：流动距离不同，农民工月收入影响政治参与的机制不同。	×
假设 7-4：流动地域不同，农民工社会经济地位影响政治参与的机制不同。	√
假设 7-4.1：流动地域不同，农民工教育年限影响政治参与的机制不同。	×
假设 7-4.2：流动地域不同，农民工职业类型影响政治参与的机制不同。	√
假设 7-4.3：流动地域不同，农民工月收入影响政治参与的机制不同。	√

第七节 研究小结

政治参与是农民工市民化的重要内容，是农民工参与城市社会治理的关键环节。早期研究发现，社会经济地位低下是抑制农民工政治参与的关键。随着农民工市民化政策的推进，农民工的社会经济地位由低向高，空间流动模式由远及近，这为他们进行政治参与提供了契机。据此，本章利用本研究进行的外来农村流动人口调查的数据，系统地分析了农民工市民化中社会经济地位对其政治参与的影响机制。主要研究发现如下：

第一，农民工社会经济地位发生明显的分化，较高社会阶层的农民工已经出现。其一，农民工的平均月收入达到 4206.212 元，高收入农民工与低收入农民工的平均月收入差距十分明显，高收入农民工的平均月收入是低收入农民工的平均月收入的 4.7 倍；其二，超过四成的农民工已经摆脱普通劳动者的行列，进入了更高的职业阶层，如 19.6% 的农民工已经进入了受雇管理层，22.24% 的农民工从事自雇就业；其三，农民工的平均教育年限为 10.49 年，这意味着绝大多数农民工接受过中等以上的教育。从农民工具体完成的教育状况来看，已有少部分农民工完成了高等教育即接受了大专及以上教育（约 15.78%）。这都反映出农民工群体内部已经出现显著分化，进入社会的中、高阶层的农民工已经出现。

第二，处于不同市民化状态的农民工社会经济地位呈现出了明显差异。一方面，省内流动的农民工比跨省流动的农民工社会经济地位更高，例如，省内流动者的平均受教育年限、从事受雇管理和自雇就业的比例均比跨省流动者更高；另一方面，流动到异地城镇化为主地区（厦门市）的农民工的平均受教育年限显著低于流动到就近城镇化为主地区（长沙市）的农民工，而流动到异地城镇化为主地区（厦门市）的农民工从事受雇管理和自雇就业的比例显著高于流动到就近城镇化为主地区（长沙市）的农民工。

第三，不同社会经济地位维度对农民工政治参与的影响机制是不同的，政治效能感在社会经济地位对政治参与的影响中发挥部分中介作用。

其一，教育年限对农民工政治参与具有显著正向促进作用。一方面，教育年限可以直接影响农民工的政治参与，即随着教育年限的提升，农民工政治参与的概率明显上升；另一方面，教育年限还可以通过内部效能感影响政治参与，即随着教育年限的提升，农民工的内部效能感增强，且随着内部效能感的增强，农民工政治参与的概率也显著上升。这可能是因为，教育是个人政治行为能力的体现，教育水平越高者，政治效能感越强（李蓉蓉，2010），参与政治活动的概率越高（阿尔蒙德，维巴，2004）。

其二，随着"自雇者—受雇普通劳动者—受雇管理者"的农民工政治参与的可能性逐渐提升，且受雇就业者还可以通过内部效能感对农民工政治参与起作用。比较受雇和自雇两种职业类型来看，受雇就业者比自雇就业者与当地政府的联系更为密切。一方面，根据现行的《中华人民共和国劳动法》可知，劳动法对雇佣农民工的企事业单位都有明确的要求，要求他们为农民工提供各种福利保障，而对自雇就业者没有明确的安排；另一方面，从历年新闻媒体报道的农民工维权事件来看，绝大多数的维权事件来自受雇就业者与用人单位之间的矛盾，当地政府则充当解决矛盾的主要仲裁。由此可以推测，受雇就业的农民工为了保护自己的权益，他们参与政治活动的内驱力和外推力都更强，故他们进行政治参与的可能性随之增大。比较受雇就业的普通劳动者和管理者来看，一方面，在工作中拥有管理权的人，掌控权力的欲望会随之增强，他们期望获取政治参与的内驱力更强；另一方面，管理者自身的政治行为能力比普通劳动者要强，他们更容易获取政治信息和参与政治活动。

其三，月收入对农民工政治参与没有直接效应，但它可以通过内部效能感对农民工政治参与发挥作用。具体而言，农民工平均月收入越高则内部效能感越高，而内部效能感越高则政治参与的概率显著升高。这也就意味着，农民工的月收入高低不会直接影响到他们的政治参与，反而是月收入升高后给他们带来的内心对自己政治影响力提升的认知（政治效能感）才是他们参与政治活动、进行政治参与的关键所在。

第四，处于不同市民化状态的农民工社会经济地位对政治参与的影响机制存在差异，其差异主要体现在流动区域上。省内流动和跨省流动农民工的社会经济地位对政治参与的影响机制与全体农民工群体的影响机制基本趋同，两类群体不存在明显差异；而社会经济地位对政治参与的影响机制在流动到以就近城镇化为主地区（长沙市）和流动到以异地城镇化为主地区（厦门市）的两类农民工群体存在显著的差异。具体而言，影响机制的地域差异主要表现在职业类型与月收入上。一方面，流动到异地城镇化为主地区（厦门市）农民工的职业类型中自雇者对政治参与有直接影响，也会通过内部效能感影响政治参与，而流动到就近城镇化为主地区（长沙市）农民工的自雇者对外部效能感、政治参与均无明显作用。另一方面，流动到异地城镇化为主地区（厦门市）的农民工的月收入对政治参与有直接作用，但不会通过内部效能感对政治参与起间接作用；而流动到就近城镇化为主地区（长沙市）的农民工的月收入对政治参与没有明显作用。

第八章

市民网络对农民工政治参与的影响机制研究

本章采用本次调查的两期数据，基于社会资本理论和社会比较理论，剖析市民网络对农民工政治参与的影响机制。首先，分析农民工在城市的市民网络的现状，并比较不同流动距离和流动地域的农民工群体之间的差异。其次，分析市民网络对农民工政治参与的影响机制，并将不公平感和政治信息获取作为中介变量纳入其中。再次，比较不同流动距离农民工群体的市民网络对政治参与影响机制的差异。最后，比较不同流动地域农民工群体的市民网络对政治参与影响机制的差异。

第一节　研究设计

一、研究目标

改革开放以来，越来越多的农民工从农村流入城市。他们在城市参与各项活动，与城市市民进行交往，构建起了新的市民网络。农民工的社会网络关系也逐渐从以血缘、亲缘、地缘为主到以业缘为主转变（汤兆云，张懔玄，2017）。这一关系的转变，不仅对农民工政治参与产生重要影响，更在一定程度上影响着我国政治民主化与法治化进程。市民不仅是农民工进行社会比较的重要参照物，还成为其在城市进行政治参与的重要社会资本。农民工在与市民的比较中，他们做出在城市是否受到公平对待的感知（牛静坤等，2016），这种对于社会公平的感知会影响我国社会稳定。另外，相对于农民工来说，城市市民往往拥有着更为丰富的资源，农民工通过与市民的互动，可能会获得本地市民社会网络蕴含的更多资源（王文卿，2020），进而为其在城市各项活动的参与创造条件。因此，在我国新型城镇化背景下，深入探讨农民工市民网络对其政治参与的影响机制，对于形成工农互促、城乡互补、共同繁荣的新型工农城乡关系具有重要的现实意义。所以，本书通过构建农民工市民网络、不公平感、政治信息获取、政治参与的具体机制，识别影响农民工政治参与的关键因素，旨在为促进我国农民工政治参与提供政策建议。具体研究目标如下：

第一，分析市民网络对农民工政治参与的影响。

第二，剖析市民网络对农民工政治参与的影响机制。

第三，比较不同市民化类型农民工的市民网络对其政治参与的影响机制。

二、理论分析与研究假设

社会资本理论认为，社会网络关系可以为人们提供社会资源，且大多数的资源嵌入在社会网络关系中。人们通过社会网络关系，可以获得如权力、财富、声望等社会资源（林南，2005），这些社会资源的获得可以促进人们进行政治参与。已有研究发现，拥有广泛的社会网络关系的人比其他人更有可能参与政治活动，与其他群体（特别是不同族裔间群体）有密切联系的人参与政治活动的可能性更大（Duin，Snel，2013）。农民工研究发现，城市朋友越多的农民工参与城市社区公共事务活动的可能性更大（李佑静，2018）。这也就意味着，农民工认识的市民越多，越可能参与城市的政治活动，他们进行政治参与的可能性越高。

根据社会比较理论可知，人类具有评价自身能力和观点的需要，个体在缺失客观的判断标准时，往往会选择与他人进行对比，对自身能力、观点、情绪等进行判断（Festinger，1954；Schachter，1964）。相对剥夺理论（又称局部比较理论）也指出，当人们将自己的处境与某种标准或某种参照物相比较而发现自己处于劣势时，会产生不同程度的被剥夺感（徐慧等，2019）。已有学者指出，人们的公平感知也主要来自局部比较，即如果他们在比较中发现自己处于劣势，则会产生相对剥夺感，进而产生不公平感（Adams，1965；翁定军，2010；马磊，刘欣，2010；王甫勤，2011）。农民工从农村进入城市之后，他们面临的是一个相对陌生的环境，缺乏客观的判断标准，往往将自身的社会处境与结成的社会网络成员进行比较，即与身边的市民群体进行比较。研究发现，农民工不论在收入、教育程度和城市生活水平上都与城市本地市民存在较大的差距，故他们极易产生不公平感（牛静坤等，2016），而不公平感知越强则农民工参与政治活动的概率越大（刘茜，杜海峰，2015）。

根据社会资本的信息效应（林南，2005）可知，相比移民来说，绝大多数本地居民会拥有更多迁入国的政治信息，移民与当地居民互动形成的社会网络关系是移民获得当地政治信息的主要来源之一（Seo，2011）。与居民建立的社会网络关系会直接影响移民获得当地政治信息的内容和水平（Seo，2011），进而影响他们的政治活动参与。对农民工研究中也发现社会网络规模越大农民工政治参与的可能性越大（孙秀林，2010），农民工政治参与意愿越强（白萌等，2012）。根据社会资本理论对政治参与的解释逻辑（Tillie，2004；Mihye，2011）可知，与市民建立社会联系会对农民工的政治活动参与有重要影响，即与市民建立社会联系有助于农民工获得城市政治信息，并促进农民工政治参与。

网络中不同类型的关系构成是测量社会资本的一个重要指标（赵延东，罗家德，2005），已有大多研究将社会资本中的社会关系划分为强关系和弱关系（Granovetter，1973；林南，2005）。有学者根据中国农民工的特征，将他们的强关系界定为以血缘、地缘为主的关系，弱关系界定为以友缘、业缘为主的关系（Bian，1997；边燕杰，张文宏，2001）。已有研究发现，不同社会关系类型的作用效应不同。一方面，根据弱关系假说可知，弱关系由于异质性，可以起到不同社会群体之间的"关系桥"的作用，为人提供更丰富、更有价值的信息（Granovetter，1973）；另一方面，根据强关系持续理论可知，在我国特殊的国情下，强关系可能比弱关系对个人的影响力更大（Bian，1997）。因此，本文将农民工市民网络中的亲属关系、老乡关系界定为强关系市民网络，而朋友、熟人关系界定弱关系市民网络，并对不同类型的市民网络影响农民工政治参与的机制进行深入探讨。

此外，处于不同市民化状态的农民工所面临的社会交往环境具有较大的差异。一方面，相比较近距离流动的农民工，远距离的流动不利于农民工实现流出地和流入地的社会资本的整合，他们的社会交往网络更小（杨菊华等，2016）；另一方面，沿海与内陆城市的人口结构存在明显的差别，沿海城市的外来流动人口明显高于本地市民，故不同地区农民工的市民网络规模可能存在明显差异。因此，剖析市民网络对农民工政治参与的影响机制时，需要对处于不同市民化状态的农民工群体进行比较分析。具体研究机制如图 8-1 所示。

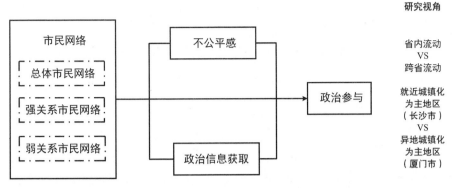

图 8-1　市民网络对农民工政治参与影响机制分析框架图

根据以上分析，本章提出以下研究假设：

假设 8-1：市民网络对农民工政治参与有显著的正向作用。

假设 8-1.1：总体社会网络中市民比例越高农民工政治参与的可能性越大。

假设 8-1.2：强关系中市民比例越高农民工政治参与的可能性越大。

假设 8-1.3：弱关系中市民比例越高农民工政治参与的可能性越大。

假设 8-2：市民网络会通过不公平感对农民工政治参与起作用。

假设 8-2.1：总体市民网络会通过不公平感对农民工政治参与起作用。

假设 8-2.2：强关系市民网络会通过不公平感对农民工政治参与起作用。

假设 8-2.3：弱关系市民网络会通过不公平感对农民工政治参与起作用。

假设 8-3：市民网络会通过政治信息获取对政治参与起作用。

假设 8-3.1：总体市民网络会通过政治信息获取对农民工政治参与起作用。

假设 8-3.2：强关系市民网络会通过政治信息获取对农民工政治参与起作用。

假设 8-3.3：弱关系市民网络会通过政治信息获取对农民工政治参与起作用。

假设 8-4：流动距离不同，农民工市民网络影响政治参与的机制不同。

假设 8-4.1：流动距离不同，农民工总体市民网络影响政治参与的机制不同。

假设 8-4.2：流动距离不同，农民工强关系市民网络影响政治参与的机制不同。

假设 8-4.3：流动距离不同，农民工弱关系市民网络影响政治参与的机制不同。

假设 8-5：流动地域不同，农民工市民网络影响政治参与的机制不同。

假设 8-5.1：流动地域不同，农民工总体市民网络影响政治参与的机制不同。

假设 8-5.2：流动地域不同，农民工强关系市民网络影响政治参与的机制不同。

假设 8-5.3：流动地域不同，农民工弱关系市民网络影响政治参与的机制不同。

三、变量设置

（一）政治参与

本章的政治参与变量的设置与第七章一致，均是将所有政治参与的指标进行加总取均值，数值越大则表示农民工政治参与的水平越高，具体变量设置参照第七章。

（二）市民网络

本章依据社会网络关系构成的特征，将市民网络划分为总体市民网络、强关系市民网络和弱关系市民网络。具体操作如下：

总体市民网络是用农民工认识的市民人数占他在城市认识的所有人的比例来测量的。具体操作如下：首先，将农民工在流入地认识的所有人（包括家人、亲戚、老乡、朋友、同事、熟人等）进行汇总。其次，把农民工认识的全部市民（包括家人、亲戚、老乡、朋友、同事、熟人等中的市民）进行汇总。最后，将市民总人数除以认识的所有人数，得出社会网络中市民的比例。该数值越大，则表示社会网络中市民所占比例越高。

强关系市民网络是用农民工强关系的市民人数占城市所有强关系的社会网络人数的比例来测量的。具体操作如下：首先，将农民工在流入地认识的所有家人、亲戚和老乡的人数进行汇总。其次，把农民工认识的全部拥有市民身份的家人、亲戚和老乡的人数进行汇总。最后，将强关系的市民人数除以城市里所有的强关系人数，得出强关系网络中市民的比例。该数值越大，则表示强关系中市民所占比例越高。

弱关系市民网络是用农民工弱关系中市民的人数占其所有弱关系人数的比例来测量的。具体操作如下：首先，将农民工在流入地认识的所有朋友、同事、熟人等进行汇总。其次，把农民工认识的全部朋友、同事、熟人等中的市民人数进行汇总。最后，将弱关系的市民总人数除以认识的所有弱关系人数，得出弱关系中市民的比例。该数值越大，则表示弱关系中市民所占比例越高。

自变量的描述将在第八章第二节进行详细介绍，此处不再对其进行描述。

（三）不公平感

不公平感主要是通过以下四个题项来进行测量，包括"国家将户口划分为农村户口和城市户口是公平的""长沙/厦门市政府工作人员在执行公务的时候，对待市民和外来人口是平等的""长沙/厦门市政府为市民和外来人口办事的程序是相同的"。被访问者回答"不同意""不同意也不反对"赋值为1，回答

"同意"赋值为0。另外，对"与您身边的长沙/厦门市民相比，目前您的家庭经济状况如何"这一题项，我们将被访问者回答"比较差"赋值为1，回答"比较好""差不多"赋值为0。通过将这四个题项汇总，代表本研究的中介变量不公平感，分值越高，表示农民工感受到的不公平感越强。

（四）政治信息获取

政治信息获取主要是通过"您是否有了解过长沙/厦门市政府的相关事件，如新政策推出、官员腐败事件等"这一题项来体现，被访问者回答"是"为1，回答"否"为0。

（五）控制变量

为准确全面地探究农民工市民网络对政治参与的影响，本研究的控制变量包括农民工人口特征和社会经济特征两个维度。其中，人口特征包括性别（男＝1，女＝0）、年龄（连续变量）、政治面貌（党员为1，非党员为0）和婚姻状况（有配偶为1，无配偶为0）。社会经济特征包括受教育年限（连续变量）、职业（自雇为1，受雇为0）、收入（连续变量）、流动时间（连续变量）、流动城市数（连续变量）、流动距离（省内流动＝1，跨省流动＝0）和流入地域［就近城镇化为主的地区（长沙市），异地城镇化为主的地区（厦门市）］。本研究中介变量和控制变量的描述性统计结果详见表8-1。

表8-1　中介变量与控制变量的描述性统计结果

变量	参考项	样本量	均值	标准差	最小值	最大值
不公平感	连续变量	2382	2.026	1.294	0	4
政治信息获取	连续变量	2411	0.34	0.474	0	1
省内流动	跨省流动	2411	0.626	0.484	0	1
就近城镇化为主地区（长沙市）	异地城镇化为主地区（厦门市）	2415	0.506	0.5	0	1
男性	女性	2415	0.572	0.495	0	1
年龄	连续变量	2408	34.737	10.25	18	76
党员	非党员	2412	0.047	0.211	0	1
有配偶	无配偶	2413	0.743	0.437	0	1

续表

变量	参考项	样本量	均值	标准差	最小值	最大值
受教育年限	连续变量	2414	10.49	3.044	0	16
自雇	受雇	2356	0.124	0.329	0	1
收入	连续变量	2300	8.152	0.666	0	11.002
流动时间	连续变量	2387	8.391	7.536	0	63
流动城市数	连续变量	2388	1.231	2.183	0	30

四、方法与策略

首先，本研究采取描述性统计分析现阶段农民工市民网络的总体水平，利用 T 检验比较不同流动距离和流入不同地域农民工市民网络的差异。其次，本研究对总体市民网络、强关系市民网络、弱关系市民网络、不公平感、政治信息获取和政治参与进行相关性分析。最后，利用 STATA 软件中的 SEM 模块构建一组路径分析模型从总体市民网络、强关系市民网络、弱关系市民网络、不公平感、政治信息获取出发，剖析市民网络对农民工政治参与的影响机制。为从包含缺失值的观测中获得尽可能多的信息，我们在 SEM 结构方程模型中选择保留缺失值极大似然估计法（Maximum Likelihood with Missing Values，MLMV）方法估计中介方程。另外，为探究"省内流动与跨省流动"和"就近城镇化为主地区（长沙市）与异地城镇化为主地区（厦门市）"农民工市民网络对政治参与的影响机制是否存在差异，我们进行了多群组 SEM 分析（Simultaneous Analysis of Several Groups）。需要说明的是，通过 SEM 的模型修正指数（Mindices）的检验发现，不公平感和政治信息获取纳入同一个模型时，会严重影响模型的拟合优度，故在下文的模型构建中对二者分别建立模型。

第二节 农民工市民网络现状研究

一、农民工市民网络现状分析

表 8-2 显示了农民工在城市的社会网络的规模分布情况。总体上看，农民工在城市社会关系的平均规模达到了 68.48 人，市民关系的平均规模为 18.75

人，市民关系占社会关系的比例为 23.5%，这就意味着农民工在城市交往的人群中平均约 23.5% 的人是市民。具体而言，农民工社会网络规模在 100 人以上最多，比例为 25.38%，在城市不认识任何人的比例最低，仅为 1.61%。农民工市民关系规模相对较小，有 50.35% 的农民工认识的市民人为 1～20 之间；约 18.84% 的农民工在城市不认识任何市民。

表 8-2　农民工社会网络的规模分布（n＝2415）

规模	社会关系	市民关系
0	1.61%	18.84%
1～20	18.63%	50.35%
21～40	22.03%	12.01%
41～60	15.11%	4.80%
61～80	10.31%	2.53%
81～100	6.92%	1.78%
>100	25.38%	9.69%
均值（标准差）	68.48（71.47）	18.75（31.46）
市民关系占比的均值（标准差）	0.235（0.225）	

表 8-3 显示了农民工社会网络中两类关系的规模分布情况。从强关系网络规模来看，农民工在城市强关系的平均规模为 31.99 人，其中强关系中平均市民人数为 5.72 人。农民工市民关系在强关系中社会关系的比例为 15.3%，也就意味着农民工在城市交往的强关系中约 15.3% 的人是市民。具体而言，农民工强关系规模为 41～50 人的占比最高（约 37.97%），其次为规模 50 人以上的（约 19.75%），随后依次为 21～30 人（约 11.64%），11～20 人（约 11.14%），1～10 人（约 7.49%），规模为 0 的占比最低（约 1.61%）。由此可以推断大多数农民工在城市的强关系规模大概在 40 人以上。比较而言，强关系中市民关系规模依然远小于社会关系，接近一半的农民工认识的市民中为强关系的规模为 0，即在城市不认识任何有市民身份的家人、亲戚或老乡；约 27.66% 的农民工认识 1～10 个有市民身份的家人、亲戚或老乡；强关系网络中市民关系达到 11 人以上的比例约 21.33%。

从弱关系网络规模来看，农民工在城市弱关系的平均规模为 36.37 人，其中弱关系中平均市民人数为 13.04 人。农民工市民关系在弱关系中社会关系的比例为 28.4%，也就意味着农民工在城市交往的弱关系中约 28.4% 的人是市民。具体来看，接近四分之一的农民工的弱关系网络规模达到 50 人以上；大部分农民工的弱关系规模在 1~30 人之间（约占 54.45%）；完全没有弱关系的农民工仅占 5.8%。相对地，从弱关系中的市民关系网络来看，绝大多数农民工的市民关系规模为 1~20 人之间（约占 57.1%）；仍有约 24.10% 的农民工在流入地弱关系市民人数为 0。

强弱关系比较来看，农民工在城市的弱关系规模大于强关系，且弱关系中市民的比重也远高出强关系。故可以推测，农民工的市民关系主要存在于弱关系之中。

表 8-3　农民工社会网络中两类关系的规模分布（n=2415）

规模	强关系		弱关系	
	社会关系	市民关系	社会关系	市民关系
0	1.61%	51.01%	5.80%	24.10%
1~10	7.49%	27.66%	21.41%	44.76%
11~20	11.14%	9.36%	20.29%	12.34%
21~30	11.64%	3.77%	12.75%	4.84%
31~40	10.39%	1.20%	6.58%	2.36%
41~50	37.97%	0.83%	7.87%	2.19%
>50	19.75%	6.17%	25.30%	9.40%
均值（标准差）	31.99（44.71）	5.72（12.77）	36.37（42.14）	13.04（25.34）
市民占比的均值（标准差）	0.153（0.227）		0.284（0.274）	

二、农民工市民网络的流动距离差异比较

表 8-4 显示了不同流动距离的农民工总体社会网络规模的分布情况。总的来说，跨省流动的农民工社会关系的总规模高于省内流动的农民工，而市民关系的规模则是省内流动农民工高于跨省流动农民工。从市民关系占总社会关系

的比例来看，省内流动农民工也是显著高于跨省流动农民工。

表8-4 不同流动距离的农民工总体社会网络的规模分布

规模	省内流动（n=901）		跨省流动（n=1510）	
	社会关系	市民关系	社会关系	市民关系
0	1.85%	16.75%	1.22%	22.20%
1~20	20.26%	47.88%	15.87%	54.61%
21~40	21.72%	13.31%	22.53%	9.77%
41~60	14.37%	5.70%	16.43%	3.33%
61~80	10.79%	2.72%	9.54%	2.22%
81~100	6.42%	1.79%	7.66%	1.78%
>100	24.57%	11.85%	26.75%	6.10%
均值（标准差）	65.01（69.92）	20.10（33.17）	74（73.56）	16.70（28.55）
市民占比的均值（标准差）	0.268（0.006）		0.185（0.007）	
T检验	＊＊＊			

显著性：＊＊＊p<0.001，＊＊p<0.01，＊p<0.05，+p<0.1，ns p>0.1。

具体来看，省内流动的农民工社会关系规模中占比最高的为人数超过100人的，约占24.57%，其后依次为21~40人（约21.72%），1~20人（约20.26%），41~60人（约14.37%），61~80人（约10.79%），81~100人（约6.42%），完全不认识任何人的比例最低，约为1.85%。相比而言，市民关系中规模在1~20人的比例最高，达到了47.88%，其次为一个市民也不认识的，约占16.75%。由此可见，省内流动农民工的市民关系规模仍然处于较低的水平。跨省流动的农民工社会关系规模中占比最高的仍为人数超过100人的，约26.75%，其后依次为21~40人（约22.53%），41~60人（约16.43%），1~20人（约15.87%），61~80人（约9.54%），81~100人（约7.66%），完全不认识任何人的比例最低，约为1.22%。相比而言，市民关系中规模在1~20人的比例最高，达到了54.61%，其次为一个市民也不认识的，约占22.20%。由此可见，跨省流动者的市民关系规模处于较低的水平。比较来看，省内流动和省外流动的农民工的社会网络规模变化趋于一致。两者社会关系中占比最高的均为规模大于 100 人的，占比最低的均为规模为 0 的农民工群体；两者的市民关系中，大多数农民工的市民关系规模集中在 20 人以下。

表 8-5 不同流动距离的农民工强关系的规模分布

规模	省内流动（n=901）		跨省流动（n=1510）	
	社会关系	市民关系	社会关系	市民关系
0	5.03%	41.39%	4.11%	67.04%
1~10	24.97%	31.32%	23.75%	21.53%
11~20	22.05%	11.52%	22.31%	5.77%
21~30	15.50%	4.57%	16.32%	2.44%
31~40	7.75%	1.52%	8.44%	0.67%
41~50	5.23%	0.99%	4.88%	0.55%
>50	19.47%	8.68%	20.20%	2.00%
均值（标准差）	30.30（40.18）	7.14（13.68）	34.68（51.15）	3.50（10.85）
市民占比的均值（标准差）	0.201（0.007）		0.078（0.005）	
T 检验	***			

显著性：*** $p<0.001$，** $p<0.01$，* $p<0.05$，+ $p<0.1$，ns $p>0.1$。

表 8-5 显示了不同流动距离的农民工强关系规模的分布情况。总的来说，跨省流动的农民工强关系规模高于省内流动的农民工，而强关系中的市民关系规模则是省内高于跨省流动的农民工。市民关系占强关系的比例来看，省内流动的农民工也是显著高于跨省流动的农民工。具体来看，省内流动的农民工强关系规模中占比最高的是 1~10 人，约占 24.97%，其后依次为 11~20 人（约22.05%）、大于 50 人（约 19.47%）、21~30 人（约 15.50%）、31~40 人（约7.75%）、41~50 人（约 5.23%），完全不认识任何人的比例最低，约为 5.03%。相比而言，强关系中市民关系规模为 0 人的比例最高，达到了 41.39%，其次为1~10 人的，约占 31.32%。由此可见，绝大多数省内流动者的强关系中市民关系规模大多在 10 人以下。跨省流动的农民工强关系规模中占比最高的为 1~10

人，约 23.75%，其后依次为 11~20 人（约 22.31%）、大于 50 人（约 20.20%）、21~30 人（约 16.32%）、31~40（约 8.44%）、41~50（约 4.88%），完全不认识任何人的比例最低，约为 4.11%。相比而言，强关系中市民关系规模为 0 人的比例最高，达到了 67.04%，其次为 1~10 人的，约占 21.53%，这表明跨省流动的农民工强关系中市民关系规模集中在 10 人以下。比较来看，省内流动和跨省流动的农民工的社会关系规模变化趋于一致。两者社会关系中占比最高的均为 1~10 人以上的，占比最低为规模为 0 的农民工群体；两者的市民关系中，大多数农民工的市民关系规模集中在 10 人以下。

表 8-6 显示了不同流动距离的农民工弱关系规模的分布情况。总的来说，跨省流动的农民工弱关系规模、弱关系中市民规模均高于省内流动的农民工，而市民关系占弱关系的比例来看，省内流动的农民工则显著高于跨省流动的农民工。具体来看，省内流动的农民工弱关系规模中占比最高的是大于 50 人，约占 23.77%，其后依次为 1~10 人（约 22.98%），11~20 人（约 21.06%），21~30 人（约 12.85%），41~50 人（约 8.21%），0 人（约 5.96%），31~40 人所占比最低，约为 5.17%。相比而言，弱关系中市民关系中规模为 1~10 人的比例最高，达到了 42.72%，其次为 0 人的，约占 23.38%。由此可见，绝大多数省内流动者的市民关系规模大多在 10 人以下。跨省流动的农民工弱关系规模中占比最高的为大于 50 人，约 27.75%，其后依次为 11~20 人（约 18.98%）、1~10 人（约 18.87%）、21~30 人（约 12.65%）、31~40（约 8.99%）、41~50（约 7.33%），完全不认识任何人的比例最低，约为 5.44%。相比而言，弱关系中市民关系规模为 1~10 人的比例最高，达到了 48.28%，其次为 0 人的，约占 25.19%，这表明绝大多数跨省流动的农民工弱关系中的市民关系规模为 10 人以下。比较来看，省内流动和跨省流动的农民工的社会关系规模变化趋于一致。两者社会关系中占比最高的均为大于 50 人以上的；两者的市民关系中，大多数农民工的市民关系规模集中在 10 人以下。

表 8-6 不同流动距离的农民工弱关系的规模分布

规模	省内流动 (n=901)		跨省流动 (n=1510)	
	社会关系	市民关系	社会关系	市民关系
0	5.96%	23.38%	5.44%	25.19%
1~10	22.98%	42.72%	18.87%	48.28%

规模	省内流动（n＝901）		跨省流动（n＝1510）	
	社会关系	市民关系	社会关系	市民关系
11～20	21.06%	13.97%	18.98%	9.66%
21～30	12.85%	4.57%	12.65%	5.22%
31～40	5.17%	2.38%	8.99%	2.33%
41～50	8.21%	2.78%	7.33%	1.22%
＞50	23.77%	10.20%	27.75%	8.10%
均值（标准差）	34.60（45.86）	12.98（26.70）	39.23（35.10）	13.15（23.07）
市民占比的均值（标准差）	0.299（0.007）		0.260（0.009）	
T检验	＊＊＊			

显著性：＊＊＊p<0.001，＊＊p<0.01，＊p<0.05，＋p<0.1，ns p>0.1。

三、农民工市民网络的流动地域差异比较

表8-7 显示了流入不同区域的农民工社会关系规模的分布情况。总的来说，流动到异地城镇化为主地区（厦门市）的农民工社会关系规模、市民关系规模均高于流动到就近城镇化为主地区（长沙市）的农民工，并且流动到异地城镇化为主地区（厦门市）的农民工的市民关系占比显著高于流动到就近城镇化为主地区（长沙市）的农民工。具体来看，流动到就近城镇化为主地区（长沙市）的农民工社会关系规模中占比最高的是1～20人，约占28.13%，其后依次为21～40人（约22.00%）、大于100人（约21.59%）、41～60人（约12.43%）、61～80人（约8.50%）、81～100人（约4.42%）、0人所占比最低，约为2.94%。相比而言，市民关系中规模为1～20人的比例最高，达到了43.58%，其次为0人的，约占20.61%。由此可见，绝大多数流动到就近城镇化为主地区（长沙市）农民工的市民关系规模大多在20人以下。流动到异地城镇化为主地区（厦门市）的农民工社会关系规模中占比最高的为大于100人，约29.28%，其后依次为21～40人（约22.06%）、41～60人（约17.87%）、61～80人（约12.16%）、81～100人（约9.48%）、1～20（约8.89%），完全不认识任何

人的比例最低，约为 0.25%。相比而言，市民关系规模为 1~20 人的比例最高，达到了 57.30%，其次为 0 人的，约占 17.03%，这表明绝大多数流动到异地城镇化为主地区（厦门市）的农民工的市民关系规模为 20 人以下。比较来看，流动到就近城镇化为主地区（长沙市）和流动到异地城镇化为主地区（厦门市）的农民工的社会关系规模变化趋于一致，且两者的市民关系中，绝大多数农民工的市民关系规模集中在 20 人以下。

表 8-7　不同流动地域的农民工社会网络的规模分布

规模	就近城镇化为主地区（长沙市 n=1223）		异地城镇化为主地区（厦门市 n=1192）	
	社会关系	市民关系	社会关系	市民关系
0	2.94%	20.61%	0.25%	17.03%
1~20	28.13%	43.58%	8.89%	57.30%
21~40	22.00%	11.69%	22.06%	12.33%
41~60	12.43%	5.15%	17.87%	4.45%
61~80	8.50%	2.04%	12.16%	3.02%
81~100	4.42%	1.31%	9.48%	2.27%
>100	21.59%	15.62%	29.28%	3.61%
均值（标准差）	55.00（78.47）	18.26（61.57）	81.18（61.57）	19.19（28.77）
市民占比的均值（标准差）	0.276（0.008）		0.200（0.006）	
T 检验	***			

显著性：*** $p<0.001$，** $p<0.01$，* $p<0.05$，+ $p<0.1$，ns $p>0.1$。

表 8-8 显示了流入不同区域的农民工强关系规模的分布情况。总的来说，流动到异地城镇化为主地区（厦门市）的农民工强关系规模高于流动到就近城镇化为主地区（长沙市）的农民工，而市民关系规模则相反，即流动到就近城镇化为主地区（长沙市）的农民工强关系规模高于流动到异地城镇化为主地区（厦门市）的农民工。流动到就近城镇化为主地区（长沙市）的农民工强关系中市民关系占比显著高于流动到异地城镇化为主地区（厦门市）的农民工。具

体来看，流动到就近城镇化为主地区（长沙市）的农民工强关系规模中占比最高的是41~50人，约占29.68%，其后依次为大于50人（约17.25%）、11~20人（约16.03%）、21~30人（约12.26%）、1~10人（约12.10%）、31~40人（约9.73%）、0人所占比最低（约为2.94%）。相比而言，强关系中市民关系的规模为0人的比例最高，达到了41.70%，其次为1~10人的，约占31.15%。由此可见，绝大多数流动到就近城镇化为主地区（长沙市）者的强关系中市民关系规模大多在10人以下。流动到异地城镇化为主地区（厦门市）的农民工强关系规模中占比最高的为41~50人，约46.48%，其后依次为大于50人（约22.32%）、31~40人（约11.07%）、21~30人（约10.99%）、11~20（约6.12%）、1~10（约2.77%），完全不认识任何人的比例最低，约为0.25%。相比而言，强关系中市民关系规模为0人的比例最高，达到了60.57%，其次为1~10人的，约占24.08%，这表明绝大多数流动到异地城镇化为主地区（厦门市）的农民工强关系中市民关系规模在10人以下。比较来看，流动到就近城镇化为主地区（长沙市）和流动到异地城镇化为主地区（厦门市）的农民工的强关系规模变化趋势不同，异地城镇化为主地区（厦门市）的农民工强关系网络50人以下的比例是随着规模递减而变小的，就近城镇化为主地区（长沙市）的农民工强关系网络中分布较为均匀，虽然41~50仍然是最大比例所在，但是没有出现比例随规模递减而下降的趋势。强关系中市民的变化趋势较为一致，且绝大多数农民工的市民关系规模在10人以下。

表8-8　不同流动地域的农民工强关系的规模分布

规模	就近城镇化为主地区（长沙市 n=1223）		异地城镇化为主地区（厦门市 n=1192）	
	社会关系	市民关系	社会关系	市民关系
0	2.94%	41.70%	0.25%	60.57%
1~10	12.10%	31.15%	2.77%	24.08%
11~20	16.03%	10.30%	6.12%	8.39%
21~30	12.26%	3.03%	10.99%	4.53%
31~40	9.73%	1.47%	11.07%	0.92%
41~50	29.68%	1.23%	46.48%	0.42%

规模	就近城镇化为主地区 （长沙市 n=1223）		异地城镇化为主地区 （厦门市 n=1192）	
	社会关系	市民关系	社会关系	市民关系
>50	17.25%	11.12%	22.32%	1.09%
均值（标准差）	26.42（50.52）	6.58（13.31）	37.38（37.48）	4.93（12.20）
市民占比的均值 （标准差）	0.208（0.008）		0.102（0.005）	
T检验	＊＊＊			

显著性：＊＊＊p<0.001，＊＊p<0.01，＊p<0.05，+p<0.1，ns p>0.1。

　　表8-9显示了流入不同区域的农民工弱关系规模的分布情况。总的来说，流动到异地城镇化为主地区（厦门市）的农民工弱关系规模、弱关系中市民关系的规模均高于流动到就近城镇化为主地区（长沙市）的农民工。流动到就近城镇化为主地区（长沙市）的农民工弱关中市民关系占比显著高于流动到异地城镇化为主地区（厦门市）的农民工。具体来看，流动到就近城镇化为主地区（长沙市）的农民工弱关系规模中占比最高的是1~10人，约占29.52%，其后依次为11~20人（约20.77%）、大于50人（约19.71%）、21~30人（约10.47%）、0人（约9.73%）、41~50人（约6.13%）、31~40人所占比最低，约为3.68%。相比而言，弱关系中市民关系的规模为1~10人的比例最高，达到了39.66%，其次为0人的，约占28.29%。由此可见，绝大多数流动到就近城镇化为主地区（长沙市）的农民工的弱关系中市民关系规模大多在10人以下。流动到异地城镇化为主地区（厦门市）的农民工弱关系规模中占比最高的为大于50人，约31.04%，其后依次为11~20人（约19.80%）、21~30人（约15.10%）、1~10人（约13.09%）、41~50（约9.65%）、31~40（约9.56%），完全不认识任何人的比例最低，约为1.76%。相比而言，弱关系中市民关系规模为1~10人的比例最高，达到了50.00%，其次为0人的，约占19.80%，这表明绝大多数流动到异地城镇化为主地区（厦门市）的农民工的弱关系中市民关系规模为10人以下。比较来看，流动到就近城镇化为主地区（长沙市）和流动到异地城镇化为主地区（厦门市）的农民工的弱关系规模变化趋势不同，异地城镇化为主地区（厦门市）的农民工弱关系网络50人以上的比例是最大的，而

就近城镇化为主地区（长沙市）的农民工弱关系网络1~10人的比例最大。弱关系中市民的变化趋势较为一致，且绝大多数农民工弱关系中市民关系规模在10人以下。

表8-9　不同流动地域的农民工弱关系的规模分布

规模	就近城镇化为主地区 （长沙市 n=1223）		异地城镇化为主地区 （厦门市 n=1192）	
	社会关系	市民关系	社会关系	市民关系
0	9.73%	28.29%	1.76%	19.80%
1~10	29.52%	39.66%	13.09%	50.00%
11~20	20.77%	11.12%	19.80%	13.59%
21~30	10.47%	4.09%	15.10%	5.62%
31~40	3.68%	2.29%	9.56%	2.43%
41~50	6.13%	2.29%	9.65%	2.10%
>50	19.71%	12.26%	31.04%	6.46%
均值（标准差）	28.62（49.30）	11.73（28.26）	43.80（32.20）	14.26（22.22）
市民占比的均值 （标准差）	0.299（0.009）		0.270（0.008）	
T检验	*			

显著性：*** p<0.001，** p<0.01，* p<0.05，+ p<0.1，ns p>0.1。

第三节　市民网络对农民工政治参与的影响机制

为描绘和反映变量间数量变化关系，本节首先对政治参与、总体市民网络、强关系市民网络、弱关系市民网络、不公平感、政治信息获取各主变量进行相关分析，相关分析结果如表8-10所示。

表 8-10　主变量相关分析（n=2415）

变量	政治参与	总体市民网络	强关系市民网络	弱关系市民网络	不公平感	政治信息获取
政治参与	1.000					
总体市民网络	0.172***	1.000				
强关系市民网络	0.190***	0.726***	1.000			
弱关系市民网络	0.143***	0.849***	0.402***	1.000		
不公平感	-0.066**	-0.071**	-0.043*	-0.076***	1.000	
政治信息获取	0.282***	0.147***	0.120***	0.144***	0.070***	1.000

显著性：*** $p<0.001$，** $p<0.01$，* $p<0.05$，+ $p<0.1$，ns $p>0.1$。

数据结果表明，总体市民网络与政治参与（$r=0.172$，$p<0.001$）、强关系市民网络与政治参与（$r=0.190$，$p<0.001$）、弱关系市民网络与政治参与（$r=0.143$，$p<0.001$）、总体市民网络与不公平感（$r=-0.071$，$p<0.01$）、强关系市民网络与不公平感（$r=-0.043$，$p<0.05$）、弱关系市民网络与不公平感（$r=-0.076$，$p<0.001$）、总体市民网络与政治信息获取（$r=0.147$，$p<0.001$）、强关系市民网络与政治信息获取（$r=0.120$，$p<0.001$）、弱关系市民网络与政治信息获取（$r=0.144$，$p<0.001$）、不公平感与政治参与（$r=-0.066$，$p<0.01$）、政治信息获取与政治参与（$r=0.282$，$p<0.001$）均显著相关。

一、总体市民网络对农民工政治参与的影响机制分析

利用 STATA 软件分别构建总体市民网络、不公平感、政治参与以及总体市民网络、政治信息获取、政治参与三者之间的路径分析模型，以探究总体市民网络对农民工政治参与的具体影响机制。路径分析结果如图 8-2 和图 8-3 所示。

图 8-2 提供了总体市民网络、不公平感与农民工政治参与的路径分析模型。结果显示，模型的总体拟合状况良好，最大似然估计值（Log likelihood = -45514.362）、决定系数（CD = 0.144）；近似均方根（RMSEA = 0.000）低于

0.05；CFI＝1.000，TLI＝1.000。路径分析结果显示，第一，农民工总体市民网络对政治参与有显著的正向影响（β＝0.097，p<0.001），即总体市民人数占农民工社会关系比例越高，其政治参与的可能性越大。第二，农民工总体市民网络对不公平感具有显著的负向影响（β＝-0.080，p<0.001），即农民工社会网络中市民占总社会关系比例越高，其感受到的不公平感越弱。第三，不公平感对政治参与有显著的负向影响（β＝-0.046，p<0.05），即农民工感受到的不公平感越强，他们政治参与的可能性越低。另外，这个结果表明总体市民网络、不公平感对农民工政治参与具有直接作用，并且总体市民网络还可以通过不公平感对农民工政治参与起部分中介作用。

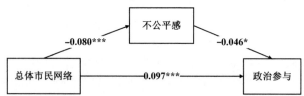

图 8-2　总体市民网络、不公平感对政治参与的影响路径图

注：*** p<0.001，** p<0.01，* p<0.05，+p<0.1。此模型已包含性别、年龄、政治面貌、婚姻状况、受教育程度、职业、收入、流动时间、流动城市数、流动距离、流入地控制变量。

为了进一步验证中介机制，我们还对中介效应进行了检验，如表 8-11 所示。结果显示，总体市民网络对政治参与的总效应为 0.101（p<0.001），直接效应为 0.097（p<0.001），中介效应为 0.004（p<0.05）。总体市民网络对农民工政治参与的中介效应在 0.05 的置信水平上显著，其中中介效应占总效应的3.96%。这也表明总体市民网络对农民工政治参与存在部分中介效应，即总体市民网络对农民工政治参与的影响部分是通过影响不公平感实现的。

表 8-11　总体市民网络通过不公平感对政治参与的影响（n＝2415）

变量	不公平感	政治参与		
		总效应	直接效应	中介效应
总体市民网络				
总体市民人数占比	-0.080***	0.101***	0.097***	0.004*

变量	不公平感	政治参与		
		总效应	直接效应	中介效应
不公平感	/	-0.046*	-0.046*	/
男（女）	0.047*	0.016	0.018	-0.002
年龄	-0.028	0.037	0.036	0.001
党员（非党员）	0.005	0.147***	0.147***	-0.0002
有配偶（无配偶）	0.016	0.008	0.009	-0.0007
受教育年限	-0.006	0.183***	0.183***	0.0003
自雇（受雇）	-0.007	-0.029	-0.030	0.0003
收入	-0.005	0.001	-0.001	0.002
流动时间	0.004	0.177***	0.177***	-0.0002
流动城市数	0.017	-0.001	-0.001	-0.0008
省内（跨省）	-0.018	0.035	0.034	0.0008
就近城镇化为主地区（异地城镇化为主地区）	0.076***	-0.107***	-0.103***	-0.003

显著性：*** p<0.001，** p<0.01，* p<0.05，+ p<0.1，ns p>0.1。

图 8-3 提供了总体市民网络、政治信息获取与农民工政治参与的路径分析模型。结果显示，模型的总体拟合状况良好，最大似然估计值（Log likelihood = -45417.863）、决定系数（CD = 0.173）；近似均方根（RMSEA = 0.000）低于0.05；CFI = 1.000，TLI = 1.000。路径分析结果显示，第一，农民工总体市民网络对政治参与有显著的正向影响（β = 0.081，p<0.001）。第二，农民工总体市民网络对政治信息获取具有显著的正向影响（β = 0.102，p<0.001），即总体市民人数占农民工社会关系比例越高，其获取到的政治信息就越多。第三，政治信息获取对政治参与具有显著的正向影响（β = 0.204，p<0.001），即农民工获取到的政治信息越多，其政治参与的可能性就越大。另外，这个结果表明总体市民网络、政治信息获取对农民工政治参与具有直接作用，并且总体市民网络

还可以通过政治信息获取对农民工政治参与起部分中介作用。

图 8-3　总体市民网络、政治信息获取对政治参与的影响路径图

注：*** p<0.001，** p<0.01，* p<0.05，+p<0.1。此
模型已包含性别、年龄、政治面貌、婚姻状况、受教育
程度、职业、收入、流动时间、流动城市数、流动距
离、流入地控制变量。

为了进一步验证中介机制，我们还对中介效应进行了检验，如表 8-12 所示。结果显示，总体市民网络对政治参与的总效应为 0.102（p<0.001），直接效应为 0.081（p<0.001），中介效应为 0.021（p<0.001）。总体市民网络对农民工政治参与的中介效应在 0.001 的置信水平上显著，其中中介效应占总效应的 20.59%。这也表明总体市民网络对农民工政治参与存在部分中介效应，即总体市民网络对农民工政治参与的影响部分是通过影响其政治信息获取实现的。

表 8-12　总体市民网络通过政治信息获取对政治参与的影响（n=2415）

变量	政治信息获取	政治参与		
		总效应	直接效应	中介效应
总体市民网络				
总体市民人数占比	0.102***	0.102***	0.081***	0.021***
政治信息获取	/	0.204***	0.204***	/
男（女）	0.077***	0.016	0.0002	0.016
年龄	0.009	0.038	0.036	0.002
党员（非党员）	0.041*	0.146***	0.138***	0.008*
有配偶（无配偶）	0.035	0.008	0.001	0.007
受教育年限	0.175***	0.183***	0.148***	0.036***

变量	政治信息获取	政治参与		
		总效应	直接效应	中介效应
自雇（受雇）	−0.028	−0.030	−0.024	−0.006
收入	0.036+	0.001	−0.006	0.007
流动时间	0.097***	0.177***	0.157***	0.020***
流动城市数	0.027	−0.001	−0.007	0.006
省内（跨省）	0.032	0.035	0.028	0.006
就近城镇化为主地区（异地城镇化为主地区）	−0.075***	−0.107***	−0.091***	−0.015**

显著性：*** $p<0.001$，** $p<0.01$，* $p<0.05$，+ $p<0.1$，ns $p>0.1$。

二、强关系市民网络对农民工政治参与的影响机制分析

图 8-4 提供了强关系市民网络、不公平感与农民工政治参与的路径分析模型。结果显示，模型的总体拟合状况良好，最大似然估计值（Log likelihood = −45523.257）、决定系数（CD = 0.147）；近似均方根（RMSEA = 0.000）低于 0.05；CFI = 1.000，TLI = 1.000。路径分析结果显示，其一，农民工强关系市民网络对政治参与具有显著的正向影响（β = 0.129，$p<0.001$），即强关系中市民人数占比越高，其政治参与的可能性越大。第二，农民工强关系市民网络对不公平感具有显著的负向影响（β = −0.055，$p<0.05$），即强关系中市民人数占比越高，其感受到的不公平感越弱。第三，不公平感对政治参与有显著的负向影响（β = −0.047，$p<0.05$），即农民工感受到的不公平感越强，他们政治参与的可能性越低。另外，这个结果表明强关系市民网络、不公平感对农民工政治参与具有直接作用，并且强关系市民网络还可以通过不公平感对农民工政治参与起部分中介作用。

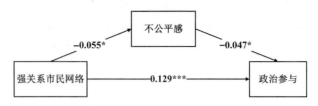

图 8-4　强关系市民网络、不公平感对政治参与的影响路径图

注：*** p<0.001, ** p<0.01, * p<0.05, +p<0.1。此
模型已包含性别、年龄、政治面貌、婚姻状况、受教育
程度、职业、收入、流动时间、流动城市数、流动距
离、流入地控制变量。

　　为了进一步验证中介机制，我们还对中介效应进行了检验，如表 8-13 所
示。结果显示，强关系市民网络对政治参与的总效应为 0.132（p<0.001），直
接效应为 0.129（p<0.001），中介效应为 0.003（p<0.1）。强关系市民网络对
农民工政治参与的中介效应在 0.1 的置信水平上显著，其中中介效应占总效应
的 2.27%。这也表明强关系市民网络对农民工政治参与存在部分中介效应，即
强关系市民网络对农民工政治参与的影响部分是通过不公平感实现的。

表 8-13　强关系市民网络通过不公平感对政治参与的影响（n=2415）

变量	不公平感	政治参与		
		总效应	直接效应	中介效应
强关系市民网络				
市民人数占比	−0.055*	0.132***	0.129***	0.003+
不公平感	/	−0.047*	−0.047*	/
男（女）	0.048*	0.019	0.021	−0.002+
年龄	−0.029	0.035	0.034	0.001
党员（非党员）	0.002	0.148***	0.148***	−0.0001
有配偶（无配偶）	0.019	0.002	0.003	−0.001
受教育年限	−0.012	0.183***	0.182***	0.001
自雇（受雇）	−0.010	−0.025	−0.025	0.0004

续表

变量	不公平感	政治参与		
		总效应	直接效应	中介效应
收入	-0.042+	-0.0003	-0.002	0.002
流动时间	-0.001	0.170***	0.170***	0.00003
流动城市数	0.018	-0.0007	-0.0001	-0.001
省内（跨省）	-0.016	0.024	0.023	0.001
就近城镇化为主地区 （异地城镇化为主地区）	0.075**	-0.117***	-0.113***	-0.004+

显著性：***p<0.001，**p<0.01，*p<0.05，+p<0.1，ns p>0.1。

图 8-5 提供了强关系市民网络、政治信息获取与农民工政治参与的路径分析模型。结果显示，模型的总体拟合状况良好，最大似然估计值（Log likelihood = -45427.79）、决定系数（CD = 0.175）；近似均方根（RMSEA = 0.000）低于0.05；CFI = 1.000，TLI = 1.000。路径分析结果显示，第一，强关系市民网络对政治参与具有显著的正向影响（β = 0.116，p<0.001）。第二，强关系市民网络对政治信息获取具有显著的正向影响（β = 0.079，p<0.001）。第三，政治信息获取对政治参与具有显著的正向影响（β = 0.203，p<0.001）。这个结果表明强关系市民网络、政治信息获取对农民工政治参与具有直接作用，并且强关系市民网络还可以通过政治信息获取对农民工政治参与起部分中介作用。

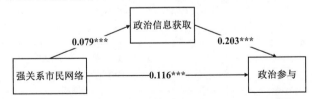

图 8-5　强关系市民网络、政治信息获取对政治参与的影响路径图

注：***p<0.001，**p<0.01，*p<0.05，+p<0.1。此模型已包含性别、年龄、政治面貌、婚姻状况、受教育程度、职业、收入、流动时间、流动城市数、流动距离、流入地控制变量。

为了进一步验证中介机制，我们还对中介效应进行了检验，如表 8-14 所示。结果显示，强关系市民网络对政治参与的总效应为 0.132（p<0.001），直接效应为 0.116（p<0.001），中介效应为 0.016（p<0.001）。强关系市民网络对农民工政治参与的中介效应在 0.001 的置信水平上显著，其中中介效应占总效应的 12.12%。这也表明强关系市民网络对农民工政治参与存在部分中介效应，即强关系市民网络对农民工政治参与的影响部分是通过影响其政治信息获取实现的。

表 8-14　强关系市民网络通过政治信息获取对政治参与的影响（n=2415）

变量	政治信息获取	政治参与		
		总效应	直接效应	中介效应
强关系市民网络				
市民人数占比	0.079***	0.132***	0.116***	0.016***
政治信息获取	/	0.203***	0.203***	/
男（女）	0.076***	0.018	0.003	0.015***
年龄	0.008	0.035	0.034	0.002
党员（非党员）	0.044*	0.147***	0.138***	0.009*
有配偶（无配偶）	0.031	0.003	-0.003	0.006
受教育年限	0.181***	0.183***	0.146***	0.037***
自雇（受雇）	-0.024	-0.025	-0.020	-0.005
收入	0.037+	-0.0001	-0.008	0.007+
流动时间	0.101***	0.170***	0.149***	0.021***
流动城市数	0.027	-0.001	-0.006	0.005
省内（跨省）	0.028	0.023	0.017	0.006
就近城镇化为主地区（异地城镇化为主地区）	-0.076***	-0.116***	-0.101***	-0.015**

显著性：***p<0.001，**p<0.01，*p<0.05，+p<0.1，ns p>0.1。

三、弱关系市民网络对农民工政治参与的影响机制分析

图 8-6 提供了弱关系市民网络、不公平感对农民工政治参与的路径分析模型。结果显示，模型的总体拟合状况良好，最大似然估计值（Log likelihood = -45671.777）、决定系数（CD = 0.141）；近似均方根（RMSEA = 0.000）低于0.05；CFI = 1.000，TLI = 1.000。路径分析结果显示，第一，农民工弱关系市民网络对政治参与有显著正向影响（$\beta = 0.072$，$p < 0.001$），即弱关系中市民人数占比越高，其政治参与的可能性越高。第二，农民工弱关系市民网络对不公平感具有显著的负向影响（$\beta = -0.075$，$p < 0.001$），表明弱关系中市民人数占比越高，他们感受到的不公平感越弱。第三，不公平感对政治参与有显著的负向影响（$\beta = -0.048$，$p < 0.05$），即农民工不公平感越强，他们政治参与的可能性也就越低。另外，这个结果表明弱关系市民网络、不公平感对农民工政治参与具有直接作用，并且弱关系市民网络可以通过不公平感对农民工政治参与起部分中介作用。

图 8-6　弱关系市民网络、不公平感对政治参与的影响路径图

注：*** $p < 0.001$，** $p < 0.01$，* $p < 0.05$，$+p < 0.1$。此模型已包含性别、年龄、政治面貌、婚姻状况、受教育程度、职业、收入、流动时间、流动城市数、流动距离、流入地控制变量。

为了进一步验证中介机制，我们还对中介效应进行了检验，如表 8-15 所示。结果显示，弱关系市民网络对政治参与的总效应为 0.076（$p < 0.001$），直接效应为 0.072（$p < 0.001$），中介效应为 0.004（$p < 0.05$）。弱关系市民网络对农民工政治参与的中介效应在 0.05 的置信水平上显著，其中中介效应占总效应的 5.26%。这也表明弱关系市民网络对农民工政治参与存在部分中介效应，即弱关系市民网络对农民工政治参与的影响部分是通过影响不公平感实现的。

表 8-15 弱关系市民网络通过不公平感对政治参与的影响（n = 2415）

变量	不公平感	政治参与		
		总效应	直接效应	中介效应
弱关系市民网络				
市民人数占比	-0.075***	0.076***	0.072***	0.004*
不公平感	/	-0.048*	-0.048*	/
男（女）	0.049+	0.013	0.015	-0.002+
年龄	-0.029	0.037	0.036	0.001
党员（非党员）	0.003	0.149***	0.149***	-0.0001
有配偶（无配偶）	0.017	0.006	0.007	-0.001
受教育年限	-0.010	0.190***	0.190***	0.0005
自雇（受雇）	-0.006	-0.030	-0.030	0.0003
收入	-0.040+	-0.001*	-0.001	0.002
流动时间	0.001	0.184***	0.184***	-0.0001
流动城市数	0.018	-0.002	-0.001	-0.001
省内（跨省）	-0.024	0.042*	0.041+	0.001
就近城镇化为主地区（异地城镇化为主地区）	0.069**	-0.097***	-0.094***	-0.003+

显著性：***$p < 0.001$，**$p < 0.01$，*$p < 0.05$，+$p < 0.1$，ns $p > 0.1$。

图 8-7 提供了弱关系市民网络、政治信息获取与农民工政治参与的路径分析模型。结果显示，模型的总体拟合状况良好，最大似然估计值（Log likelihood = -45573.818）、决定系数（CD = 0.171）；近似均方根（RMSEA = 0.000）低于 0.05；CFI = 1.000，TLI = 1.000。路径分析结果显示，第一，弱关系市民网络对政治参与具有显著的正向影响（β = 0.055，$p < 0.001$）。第二，弱关系市民网络对政治信息获取具有显著的正向影响（β = 0.101，$p < 0.001$）。第三，政治信息获取对政治参与具有显著的正向影响（β = 0.206，$p < 0.001$）。这个结果表明弱

关系市民网络、政治信息获取对农民工政治参与具有直接作用，并且弱关系市民网络还可以通过政治信息获取对农民工政治参与起部分中介作用。

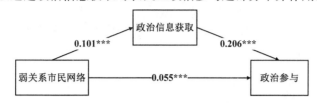

图 8-7　弱关系市民网络、政治信息获取对政治参与的影响路径图

注：*** p<0.001，** p<0.01，* p<0.05，+p<0.1。此模型已包含性别、年龄、政治面貌、婚姻状况、受教育程度、职业、收入、流动时间、流动城市数、流动距离、流入地控制变量。

为了进一步验证中介机制，我们还对中介效应进行了检验，如表 8-16 所示。结果显示，弱关系市民网络对政治参与的总效应为 0.076（p<0.001），直接效应为 0.055（p<0.001），中介效应为 0.021（p<0.001）。弱关系市民网络对农民工政治参与的中介效应在 0.001 的置信水平上显著，其中中介效应占总效应的 27.63%。这也表明弱关系市民网络对农民工政治参与存在部分中介效应，即弱关系市民网络对农民工政治参与的影响部分是通过影响不公平感实现的。

表 8-16　弱关系市民网络通过政治信息获取对政治参与的影响（n=2415）

变量	政治信息获取	政治参与		
		总效应	直接效应	中介效应
弱关系市民网络				
市民人数占比	0.101***	0.076***	0.055***	0.021***
政治信息获取	/	0.206***	0.206***	/
男（女）	0.074***	0.012	-0.003	0.015***
年龄	0.009	0.038	0.036	0.002
党员（非党员）	0.043*	0.149***	0.140***	0.009*
有配偶（无配偶）	0.034	0.007	-0.0001	0.007

变量	政治信息获取	政治参与		
		总效应	直接效应	中介效应
受教育年限	0.179***	0.190***	0.153***	0.037***
自雇（受雇）	−0.030	−0.030	−0.024	−0.006
收入	0.034	0.001+	−0.006	0.007
流动时间	0.099***	0.183***	0.163***	0.020***
流动城市数	0.026	−0.003	−0.008	0.005
省内（跨省）	0.038+	0.042+	0.034	0.008+
就近城镇化为主地区　（异地城镇化为主地区）	−0.066**	−0.097***	−0.083***	−0.014**

显著性：*** $p<0.001$，** $p<0.01$，* $p<0.05$，+ $p<0.1$，ns $p>0.1$。

第四节　市民网络对农民工政治参与影响机制的流动距离差异

在本节的研究中，我们基于流动距离差异，即聚焦于省内流动的农民工和跨省流动的农民工这两个群体，分别探究市民网络对农民工政治参与的影响，找出省内流动与跨省流动的农民工政治参与的影响机制差异。

一、不同流动距离农民工总体市民网络对政治参与影响差异

图 8-8 与表 8-17 的数据结果显示：其一，对于省内流动的农民工来说，总体市民网络比例越高，则进行政治参与的概率越大，感知到的不公平感越弱；农民工的不公平感越强烈，他们进行政治参与的可能性越小。此外，省内流动的农民工的市民网络不通过不公平感对政治参与起作用，不存在明显的中介效应。其二，对于跨省流动的农民工来说，市民网络对农民工的政治参与只有微弱的正向影响，而市民网络对不公平感具有显著的负向影响；不公平感对农民工政治参与没有显著影响；不公平感在市民网络对农民工政治参与的影响中不存在显著的中介机制。

图 8-8 总体市民网络、内部效能感对农民工政治参与影响机制的流动距离差异图

注:*** p<0.001, ** p<0.01, * p<0.05, +p<0.1。此模型已包含性别、年龄、政治面貌、婚姻状况、受教育程度、职业、收入、流动时间、流动城市数、流入地控制变量。最大似然估计值(Log likelihood = −41658.08)、决定系数(CD = 0.152);近似均方根(RMSEA = 0.000)低于 0.05;CFI = 1.000,TLI = 1.000,模型拟合良好。

表 8-17 总体网络通过不公平感对政治参与影响的流动距离差异比较

变量	不公平感	政治参与		
		总效应	直接效应	中介效应
省内流动(n=1510)总体市民网络	−0.084***	0.124***	0.120***	0.004
不公平感	/	−0.045+	−0.045+	/
跨省流动(n=901)				
总体市民网络	−0.081*	0.055+	0.055+	0.003
不公平感	/	−0.042	−0.042	/

显著性:*** p<0.001, ** p<0.01, * p<0.05, + p<0.1, ns p>0.1。

图 8-9 与表 8-18 的数据结果显示:其一,对于省内流动的农民工来说,总体市民人数在社会关系中占比越高,则进行政治参与的概率越大,获取到的政治信息越多;农民工获取到的政治信息越多,进行政治参与的可能性就越大。省内流动的农民工总体市民网络通过政治信息获取对政治参与起作用,存在明显的中介效应。其二,对于跨省流动的农民工来说,总体市民网络对农民工政治参与不存在显著影响,而对政治信息获取具有显著的正向影响;政治信息获取对政治参与具有显著正向作用,即获取到的政治信息越多,进行政治参与的可能性越高;政治信息在总体市民网络和政治参与中存在明显的中介机制。

图 8-9　总体市民网络、政治信息获取对政治参与影响机制的流动距离差异图

注：*** p<0.001，** p<0.01，* p<0.05，+p<0.1。此模型已包含性别、年龄、政治面貌、婚姻状况、受教育程度、职业、收入、流动时间、流动城市数、流入地控制变量。最大似然估计值（Log likelihood＝-41555.929）、决定系数（CD＝0.181）；近似均方根（RMSEA＝0.000）低于0.05；CFI＝1.000，TLI＝1.000，模型拟合良好。

表 8-18　总体网络通过政治信息获取对政治参与影响的流动距离差异比较

变量	政治信息获取	政治参与		
		总效应	直接效应	中介效应
省内流动（n=1510）总体市民网络	0.100***	0.124***	0.099***	0.025***
政治信息获取	/	0.248***	0.248***	/
跨省流动（n=901）				
总体市民网络	0.114**	0.058+	0.043	0.015**
政治信息获取	/	0.133***	0.133***	/

显著性：*** p<0.001，** p<0.01，* p<0.05，+ p<0.1，ns p>0.1。

综合以上研究发现，省内流动和跨省流动的农民工总体市民网络对政治参与影响机制的差异主要在于直接效应，即总体市民网络会对在省内流动的农民工政治参与产生显著正向作用，但是对跨省流动者只具有微弱正向作用或没有显著影响。此外，无论是对于省内流动的农民工，还是跨省流动的农民工，政治信息获取在总体市民网络和政治参与之间都发挥了中介作用，并且中介效用显著。

二、不同流动距离农民工强关系网络对政治参与的影响差异

图 8-10 与表 8-19 的数据结果显示：其一，对于省内流动的农民工来说，强关系中市民人数占比越高，则政治参与的概率越大，感知到的不公平感越弱；

农民工的不公平感越强，他们政治参与的概率越低。此外，不公平感在强关系市民网络和政治参与之间不存在显著的中介效应。其二，对于跨省流动的农民工来说，强关系中市民人数占比越高，进行政治参与的可能性越大，但是对不公平感没有显著影响；农民工的不公平感越强，政治参与的概率越低。不公平感在强关系市民网络对政治参与的影响中不存在显著的中介机制。

图 8-10 强关系市民网络、不公平感对政治参与影响机制的流动距离差异图

注：*** p<0.001，** p<0.01，* p<0.05，+p<0.1。此模型已包含性别、年龄、政治面貌、婚姻状况、受教育程度、职业、收入、流动时间、流动城市数、城市控制变量。最大似然估计值（Log likelihood=−41591.104）、决定系数（CD=0.155）；近似均方根（RMSEA=0.000）低于0.05；CFI=1.000，TLI=1.000，模型拟合良好。

表 8-19 强关系市民网络通过不公平感对政治参与影响的流动距离差异比较

变量	不公平感	政治参与		
		总效应	直接效应	中介效应
省内流动（n=1510）				
强关系市民网络	−0.070**	0.143***	0.140***	0.003
不公平感	/	−0.044+	−0.044+	/
跨省流动（n=901）				
强关系市民网络	−0.014	0.083*	0.082*	0.001
不公平感	/	−0.045+	−0.045+	/

显著性：*** p<0.001，** p<0.01，* p<0.05，+ p<0.1，ns p>0.1。

图 8-11 和表 8-20 数据结果表明：其一，对于省内流动的农民工来说，强关系中市民人数占比越高，政治参与的概率越高，获取的政治信息越丰富；政治信息越丰富，农民工进行政治参与的概率越高；政治信息获取在强关系市民网络和政治参与中存在显著的中介影响机制。其二，对于跨省流动的农民工来

说，强关系市民网络比例对政治参与具有显著的正向影响，对政治信息的获取没有显著影响；农民工获取到的政治信息越丰富，政治参与概率越大；政治信息获取在强关系市民网络对进行政治参与不具有显著的中介作用。

图 8-11　强关系市民网络、政治信息获取对其政治参与影响机制的流动距离差异图

注：*** p<0.001，** p<0.01，* p<0.05，+p<0.1。此模型已包含性别、年龄、政治面貌、婚姻状况、受教育程度、职业、收入、流动时间、流动城市数、城市控制变量。最大似然估计值（Log likelihood＝−41490.345）、决定系数（CD＝0.183）；近似均方根（RMSEA＝0.000）低于0.05；CFI＝1.000，TLI＝1.000，模型拟合良好。

表 8-20　强关系市民网络通过政治信息获取对政治参与影响的流动距离差异比较

变量	政治信息获取	政治参与		
		总效应	直接效应	中介效应
省内流动（n＝1510）				
强关系市民网络	0.093***	0.143***	0.121***	0.023***
政治信息获取	/	0.246***	0.246***	/
跨省流动（n＝901）				
强关系市民网络	0.048	0.083*	0.076*	0.006
政治信息获取	/	0.135***	0.135***	/

显著性：*** p<0.001，** p<0.01，* p<0.05，+ p<0.1，ns p>0.1。

综合以上研究发现，省内流动的农民工和跨省流动的农民工强关系市民网络对政治参与影响机制存在明显差异，主要表现为政治信息获取在省内流动的农民工的强关系市民网络与政治参与之间存在显著的中介作用，而在跨省流动的农民工的强关系市民网络与政治参与之间不存在显著的中介作用。

三、不同流动距离农民工弱关系网络对政治参与的影响差异

图 8-12 和表 8-21 的数据结果表明：其一，对于省内流动的农民工来说，

弱关系中市民人数占比越高，政治参与的概率越高，感受到的不公平感越弱；农民工感受到的不公平感越强，政治参与的可能性越低。不公平感在弱关系市民网络对政治参与之间不存在显著的中介作用。其二，对于跨省流动的农民工来说，弱关系市民网络对政治参与不具有显著影响，对不公平感具有微弱的负向影响。农民工感受到的不公平感对其政治参与具有微弱的负向影响。不公平感在弱关系市民网络对政治参与的影响之间不存在显著的中介作用。

图8-12　弱关系市民网络、不公平感对政治参与影响机制的流动距离差异图

注：*** p<0.001，** p<0.01，* p<0.05，+p<0.1。此模型已包含性别、年龄、政治面貌、婚姻状况、受教育程度、职业、收入、流动时间、流动城市数、城市控制变量。最大似然估计值（Log likelihood＝-41821.366）、决定系数（CD＝0.148）；近似均方根（RMSEA＝0.000）低于0.05；CFI＝1.000，TLI＝1.000，模型拟合良好。

表8-21　弱关系市民网络通过不公平感对政治参与影响的流动距离差异比较

变量	不公平感	政治参与		
		总效应	直接效应	中介效应
省内流动（n=1510）				
弱关系市民网络	-0.087**	0.102***	0.098***	0.004
不公平感	/	-0.047+	-0.047+	/
跨省流动（n=901）				
弱关系市民网络	-0.065+	0.038	0.035	0.003
不公平感	/	-0.043+	-0.043+	/

显著性：*** p<0.001，** p<0.01，* p<0.05，+ p<0.1，ns p>0.1。

图8-13和表8-22数据结果表明：其一，对于省内流动的农民工来说，弱关系中市民人数占比越高，政治参与的概率就越高，获取到的政治信息越丰富；农民工获取到的政治信息越丰富，进行政治参与的可能性就越高。政治信息获取在弱关系市民网络对政治参与的影响中存在明显的中介作用。其二，对于跨

省流动的农民工来说，弱关系市民网络对政治参与没有显著的直接影响，但是对政治信息获取具有显著正向影响。政治信息越丰富，农民工政治参与的概率越高。此外，政治信息获取在弱关系市民网络和政治参与之间存在显著的中介机制。

图 8-13　弱关系市民网络、政治信息获取对政治参与影响机制的流动距离差异图

注：*** p<0.001，** p<0.01，* p<0.05，+p<0.1。此模型已包含性别、年龄、政治面貌、婚姻状况、受教育程度、职业、收入、流动时间、流动城市数、城市控制变量。最大似然估计值（Log likelihood＝－41717.862）、决定系数（CD＝0.178）；近似均方根（RMSEA＝0.000）低于 0.05；CFI＝1.000，TLI＝1.000，模型拟合良好。

表 8-22　弱关系市民网络通过政治信息获取对政治参与影响的流动距离差异比较

变量	不公平感	政治参与		
		总效应	直接效应	中介效应
省内流动（n＝1510）				
弱关系市民网络	0.091***	0.102***	0.079**	0.023**
政治信息获取	/	0.251***	0.251***	/
跨省流动（n＝901）				
弱关系市民网络	0.114***	0.037	0.022	0.015**
政治信息获取	/	0.134***	0.134***	/

显著性：*** p<0.001，** p<0.01，* p<0.05，+ p<0.1，ns p>0.1。

综合以上研究，我们发现弱关系市民网络对省内流动的农民工和跨省流动的农民工政治参与影响机制的差异主要体现在对省内流动的农民工而言，弱关系市民网络对政治参与具有显著的直接作用，而对省外流动的农民工政治参与不具有显著的直接影响。

第五节 市民网络对农民工政治参与影响机制的流动区域差异

本节将以流动区域为视角即将流动区域划分为就近城镇化为主地区（长沙市）和异地城镇化为主地区（厦门市），分别探究农民工总体市民网络、强关系市民网络、弱关系市民网络对政治参与具体影响机制的区别。

一、不同地域农民工总体市民网络对政治参与的影响差异

图 8-14 和表 8-23 数据结果表明：其一，对于就近城镇化为主地区（长沙市）的农民工来说，总体社会网络中市民人数占比越高，政治参与的概率越高，感受到的不公平感越弱；农民工的不公平感越强，政治参与的概率越低；不公平感在总体市民网络对政治参与影响之间存在微弱的中介影响。其二，对于异地城镇化为主地区（厦门市）来说，农民工总体社会网络中市民人数占比越高，政治参与的概率越高，感受到的不公平感越弱；农民工感受到的不公平感对其政治参与的正向影响不显著。另外，不公平感在总体市民网络对政治参与影响之间不存在显著的中介作用。

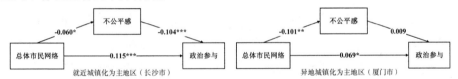

图 8-14 总体市民网络、不公平感对政治参与影响机制的流动区域差异图

注：*** p<0.001，** p<0.01，* p<0.05，+p<0.1。此模型已包含性别、年龄、政治面貌、婚姻状况、受教育程度、职业、收入、流动时间、流动城市数、流动距离控制变量。最大似然估计值（Log likelihood＝-41094.071）、决定系数（CD＝0.155）；近似均方根（RMSEA＝0.000）低于 0.05；CFI＝1.000，TLI＝1.000，模型拟合良好。

表 8-23 总体市民网络通过不公平感对政治参与影响的流动区域差异比较

变量	不公平感	政治参与		
		总效应	直接效应	中介效应
就近城镇化为主地区 （长沙市 n＝1223）				

续表

变量	不公平感	政治参与		
		总效应	直接效应	中介效应
总体市民网络	-0.060*	0.121***	0.115***	0.006+
不公平感	/	-0.104***	-0.104***	/
异地城镇化为主地区 （厦门市 n=1192）				
总体市民网络	-0.101**	0.069*	0.069*	-0.001
不公平感	/	0.009	0.009	/

显著性：***p<0.001，**p<0.01，*p<0.05，+p<0.1，ns p>0.1。

图 8-15 和表 8-24 数据结果表明：其一，对于就近城镇化为主地区（长沙市）的农民工来说，总体社会网络中市民人数占比越高，政治参与的概率越高，获取到的政治信息越丰富；农民工获取到的政治信息越丰富，越有利于其进行政治参与；政治信息获取在总体市民网络对政治参与存在显著的中介机制。其二，对于异地城镇化为主地区（厦门市）来说，总体社会网络中市民人数占比越高，越有利于其进行政治参与，获取的政治信息越丰富；农民工获取的政治信息越丰富，政治参与的概率越高。政治信息获取在总体市民网络对政治参与存在显著的中介机制。

图 8-15 总体市民网络、政治信息获取对政治参与影响机制的流动区域差异图

注：***p<0.001，**p<0.01，*p<0.05，+p<0.1。此模型已包含性别、年龄、政治面貌、婚姻状况、受教育程度、职业、收入、流动时间、流动城市数、流动距离控制变量。最大似然估计值（Log likelihood=-40998.135）、决定系数（CD=0.185）；近似均方根（RMSEA=0.000）低于 0.05；CFI=1.000，TLI=1.000，模型拟合良好。

表8-24　总体市民网络通过政治信息获取对政治参与影响的流动区域差异比较

变量	政治信息获取	政治参与		
		总效应	直接效应	中介效应
就近城镇化为主的地区 （长沙市 n = 1223）				
总体市民网络	0.084**	0.122***	0.103***	0.019**
政治信息获取	/	0.232***	0.232***	/
异地城镇化为主的地区 （厦门市 n = 1192）				
总体市民网络	0.129**	0.068*	0.046+	0.022***
政治信息获取	/	0.171***	0.171***	/

显著性：***p<0.001，**p<0.01，*p<0.05，+p<0.1，ns p>0.1。

综合以上研究，我们发现就近城镇化为主地区（长沙市）和异地城镇化为主地区（厦门市）农民工的总体市民网络对政治参与影响机制存在明显差异，主要表现为就近城镇化为主地区（长沙市）农民工的不公平感在总体市民网络与政治参与中起微弱的中介作用，而在异地城镇化为主地区（厦门市）的农民工的不公平感在总体市民网络与政治参与中不存在中介效应。

二、不同地域农民工的强关系网络对政治参与的影响差异

图8-16和表8-25数据结果表明：其一，对于就近城镇化为主地区（长沙市）的农民工来说，强关系中市民人数占比越高，政治参与的概率越大，感受到的不公平感越弱；农民工感受到的不公平感越强，政治参与的概率越低；不公平感对强关系市民网络对政治参与影响存在微弱的中介作用。其二，对于异地城镇化为主地区（厦门市）来说，强关系中市民人数占比对政治参与具有显著的促进作用，但对不公平感没有显著影响；农民工感受到的不公平感越强，政治参与的概率越高；不公平感在强关系市民网络对政治参与没有显著的中介作用。

图8-16 强关系市民网络、不公平感对政治参与影响机制的流动区域差异图

注:***p<0.001,**p<0.01,*p<0.05,+p<0.1。此模型已包含性别、年龄、政治面貌、婚姻状况、受教育程度、职业、收入、流动时间、流动城市数、流动距离控制变量。最大似然估计值(Log likelihood=-41061.281)、决定系数(CD=0.159);近似均方根(RMSEA=0.000)低于0.05;CFI=1.000,TLI=1.000,模型拟合良好。

表8-25 强关系市民网络通过不公平感对政治参与影响的流动区域差异比较

变量	不公平感	政治参与		
		总效应	直接效应	中介效应
就近城镇化为主地区 (长沙市 n=1223)				
强关系市民网络	-0.068*	0.123***	0.116***	0.007+
不公平感	/	-0.103***	-0.103***	/
异地城镇化为主地区 (厦门市 n=1192)				
强关系市民网络	-0.041	0.144***	0.144***	-0.0003
不公平感	/	0.007***	0.007***	/

显著性:***p<0.001,**p<0.01,*p<0.05,+p<0.1,ns p>0.1。

图8-17和表8-26数据结果显示:其一,对于就近城镇化为主地区(长沙市)的农民工来说,强关系中市民人数占比越高,获取的政治信息越丰富,政治参与的概率越大;农民工获取的政治信息越丰富,进行政治参与的可能性越高;政治信息获取在强关系市民网络对政治参与影响的中介机制显著。其二,对于异地城镇化为主地区(厦门市)的农民工来说,强关系市民网络会促进其进行政治参与,促进其对政治信息的获取;农民工政治信息的获取有利于其政治参与;政治信息获取在强关系市民网络对政治参与影响存在显著的中介效应。

图 8-17 强关系市民网络、政治信息获取对政治参与影响机制的流动区域差异图

注：***p<0.001，**p<0.01，*p<0.05，+p<0.1。此模型已包含性别、年龄、政治面貌、婚姻状况、受教育程度、职业、收入、流动时间、流动城市数、流动距离控制变量。最大似然估计值（Log likelihood = −40966.795）、决定系数（CD = 0.187）；近似均方根（RMSEA = 0.000）低于 0.05；CFI = 1.000，TLI = 1.000，模型拟合良好。

表 8-26 强关系市民网络通过政治信息获取对政治参与影响的流动区域差异比较

变量	政治信息获取	政治参与		
		总效应	直接效应	中介效应
就近城镇化为主的地区（长沙市 n = 1223）				
强关系市民网络	0.088***	0.124***	0.103***	0.020**
政治信息获取	/	0.230***	0.230***	/
异地城镇化为主的地区（厦门市 n = 1192）				
强关系市民网络比例	0.081*	0.144***	0.130***	0.014*
政治信息获取	/	0.169***	0.169***	/

显著性：***p<0.001，**p<0.01，*p<0.05，+p<0.1，ns p>0.1。

综合以上研究，我们发现对于就近城镇化为主地区（长沙市）和异地城镇化为主地区（厦门市）的农民工强关系市民网络对政治参与的影响机制存在明显差异，主要表现为就近城镇化为主地区（长沙市）的农民工的不公平感在强关系市民网络与政治参与之间发挥微弱的中介作用，但是异地城镇化为主地区（厦门市）农民工的不公平感在强关系市民网络与政治参与之间不发挥中介作用。

三、不同地域农民工的弱关系网络对政治参与的影响差异

图 8-18 和表 8-27 数据结果表明：其一，对于就近城镇化为主地区（长沙市）的农民工来说，弱关系中市民人数占比越高，政治参与的可能性越高，不公平感越弱；农民工不公平感越强，政治参与的概率越低；不公平感在弱关系市民网络对政治参与产生微弱的中介作用。其二，对于异地城镇化为主地区（厦门市）来说，弱关系市民网络对不公平感具有显著的负向影响，但是对政治参与的正向影响不显著；农民工感受到的不公平感对其政治参与的正向影响不显著；不公平感在弱关系市民网络到政治参与不产生中介作用。

图 8-18　弱关系市民网络、不公平感对政治参与影响机制的流动区域差异图

注：*** p<0.001，** p<0.01，* p<0.05，+p<0.1。此模型已包含性别、年龄、政治面貌、婚姻状况、受教育程度、职业、收入、流动时间、流动城市数、流动距离控制变量。最大似然估计值（Log likelihood = -41276.009）、决定系数（CD = 0.152）；近似均方根（RMSEA = 0.000）低于 0.05；CFI = 1.000，TLI = 1.000，模型拟合良好。

表 8-27　弱关系市民网络通过不公平感对政治参与影响的流动区域差异比较

变量	不公平感	政治参与		
		总效应	直接效应	中介效应
就近城镇化为主地区（长沙市 n=1223）				
弱关系市民网络	-0.069*	0.114***	0.107***	0.007+
不公平感	/	-0.104***	-0.104***	/
异地城镇化为主地区（厦门市 n=1192）				
弱关系市民网络	-0.079**	0.028	0.028	-0.0004
不公平感	/	0.006	0.006	/

显著性：***p<0.001，**p<0.01，*p<0.05，+ p<0.1，ns p>0.1。

　　图 8-19 和表 8-28 数据结果表明：其一，对于就近城镇化为主地区（长沙市）的农民工来说，弱关系中市民人数占比越高，政治信息获取越丰富，政治参与可能性越大；农民工获取的政治信息越丰富，政治参与的概率越高；政治信息获取在弱关系市民网络对政治参与具有显著的中介作用。其二，对于异地城镇化为主地区（厦门市）的农民工来说，弱关系市民网络对政治参与不具有显著的促进作用，对政治信息获取具有显著的促进作用；农民工获取的政治信息越丰富，其政治参与的概率越高；政治信息获取在弱关系市民网络对政治参与发挥显著的中介作用。

图 8-19　弱关系市民网络、政治信息获取对政治参与的影响路径图

注：*** p<0.001，** p<0.01，* p<0.05，+p<0.1。此模型已包含性别、年龄、政治面貌、婚姻状况、受教育程度、职业、收入、流动时间、流动城市数、流动距离控制变量。最大似然估计值（Log likelihood＝－41178.61）、决定系数（CD＝0.182）；近似均方根（RMSEA＝0.000）低于 0.05；CFI＝1.000，TLI＝1.000，模型拟合良好。

表 8-28　弱关系市民网络通过政治信息获取对政治参与影响的流动区域差异比较

变量	政治信息获取	政治参与		
		总效应	直接效应	中介效应
就近城镇化为主地区（长沙市 n＝1223）				
弱关系市民网络	0.082**	0.114***	0.095**	0.019**
政治信息获取	/	0.232***	0.232***	/
异地城镇化为主地区（厦门市 n＝1192）				
弱关系市民网络	0.116***	0.028	0.008	0.020***
政治信息获取	/	0.175***	0.175***	/

显著性：*** p<0.001，** p<0.01，* p<0.05，+ p<0.1，ns p>0.1。

综合以上研究，我们发现就近城镇化为主地区（长沙市）和异地城镇化为主地区（厦门市）的农民工弱关系市民网络对政治参与影响机制存在差异，主要表现为不公平感在就地城镇化为主区域（长沙市）的农民工的弱关系市民网络与政治参与之间具有微弱的中介作用，而在异地城镇化为主地区（厦门市）的农民工的弱关系网络与政治参与之间不发挥中介作用。

第六节　市民网络对农民工政治参与影响机制的总结

从表8-29市民网络对农民工政治参与影响的数据验证结果来看，总体市民网络、强关系市民网络、弱关系市民网络对农民工政治参与均有显著影响，不公平感、政治信息获取在市民网络对政治参与影响中存在中介作用，假设基本得到验证（假设8-1、假设8-2、假设8-3）。对处于不同市民化状态的农民工的比较结果来看，流动距离不同、流动地域不同均导致市民网络对农民工政治参与的影响机制出现显著差异，假设8-4和假设8-5得到验证。

表8-29　市民网络对农民工政治参与影响的假设验证情况

需要验证的假设	是否通过
假设8-1：市民网络对农民工政治参与有显著的正向作用。	√
假设8-1.1：总体社会网络中市民比例越高，农民工政治参与的可能性越大。	√
假设8-1.2：强关系中市民比例越高，农民工政治参与的可能性越大。	√
假设8-1.3：弱关系中市民比例越高，农民工政治参与的可能性越大。	√
假设8-2：市民网络会通过不公平感对农民工政治参与起作用。	√
假设8-2.1：总体市民网络会通过不公平感对农民工政治参与起作用。	√
假设8-2.2：强关系市民网络会通过不公平感对农民工政治参与起作用。	√

需要验证的假设	是否通过
假设8-2.3：弱关系市民网络会通过不公平感对农民工政治参与起作用。	√
假设8-3：市民网络会通过政治信息获取对政治参与起作用。	√
假设8-3.1：总体市民网络会通过政治信息获取对农民工政治参与起作用。	√
假设8-3.2：强关系市民网络会通过政治信息获取对农民工政治参与起作用。	√
假设8-3.3：弱关系市民网络会通过政治信息获取对农民工政治参与起作用。	√
假设8-4：流动距离不同，农民工市民网络影响政治参与的机制不同。	√
假设8-4.1：流动距离不同，农民工总体市民网络影响政治参与的机制不同。	√
假设8-4.2：流动距离不同，农民工强关系市民网络影响政治参与的机制不同。	√
假设8-4.3：流动距离不同，农民工弱关系市民网络影响政治参与的机制不同。	√
假设8-5：流动地域不同，农民工市民网络影响政治参与的机制不同。	√
假设8-5.1：流动地域不同，农民工总体市民网络影响政治参与的机制不同。	√
假设8-5.2：流动地域不同，农民工强关系市民网络影响政治参与的机制不同。	√
假设8-5.3：流动地域不同，农民工弱关系市民网络影响政治参与的机制不同。	√

第七节 研究小结

本章利用外来农村流动人口调查的数据，系统地分析了农民工市民化中市民网络对其政治参与的影响机制。主要研究发现如下：

第一，农民工一般社会网络规模较大，市民网络规模相对较小，他们在城市的市民网络关系以弱关系为主。总体上看，农民工在城市社会关系的平均规模达到了 68.48 人，市民关系的平均规模为 18.75 人，市民关系占社会关系的比例为 23.5%，说明农民工在城市交往的人群中平均约 23.5% 的人是市民。从强关系规模来看，农民工在城市强关系平均规模为 31.99 人，其中强关系中平均市民人数为 5.72 人，农民工市民关系占强关系的比例为 15.3%。从弱关系网络规模来看，农民工在城市弱关系的平均规模为 36.37 人，其中弱关系中平均市民人数为 13.04 人，农民工市民关系在弱关系中社会关系的比例为 28.4%。说明农民工在城市的市民关系主要存在于弱关系之中，这与之前的研究发现基本一致（潘泽泉，杨金月，2017）。

第二，处于不同市民化状态的农民工市民网络具有明显差异。比较不同流动距离的农民工群体发现，虽然跨省流动的农民工社会关系规模较省内流动的农民工大，但是其市民网络规模及市民所占比例均较低。说明伴随着农民工流动距离的拉大，农民工社会网络规模扩大，但是市民关系网络在下降。另外，就强弱关系比较而言，省内流动者强关系市民规模及所占比例均高于跨省流动者，而弱关系市民规模则低于跨省流动者，说明省内流动农民工市民网络强关系更占优，而跨省流动市民网络关系中弱关系更占优。比较不同流动地域的农民工群体发现，流动到异地城镇化为主地区（厦门市）的农民工社会关系规模、市民关系规模均高于流动到就近城镇化为主地区（长沙市）者。说明从整体上看，厦门市农民工市民网络规模及结构普遍优于长沙市农民工。就强弱关系比较来看，流动到异地城镇化为主地区（厦门市）的农民工强弱关系社会规模和强弱关系市民规模均高于流动到就近城镇化为主地区（长沙市）的农民工，但是强弱关系中市民所占比例厦门市则低于长沙市。这也反映出我国沿海地区农民工强弱关系社会网络与市民网络规模虽较大，但市民占比不高的现状。

第三，三类市民网络对农民工政治参与的影响机制基本一致，不公平感和政治信息获取在市民网络对政治参与的影响中发挥部分中介作用。其一，三类市民网络均可以直接影响农民工的政治参与，即农民工社会网络中市民占比越高，其政治参与的可能性越高。这一结论与 Duin 等（2013）、李佑静（2018）等学者的研究结果基本一致。其二，三类市民网络均可以通过不公平感对农民工的政治参与产生影响。具体而言，随着农民工社会网络中市民占比增高，他们的不公平感下降，而随着不公平感下降，农民工政治参与可能性增大。这可能是因为，一方面，根据同质性命题（McPherson et al.，2001）可知，农民工交往的市民大多是与他们的社会经济地位、人口特征等比较相似的人，改变了农民工长期以为比市民差的观念，不公平感会随之下降。同时，有研究发现随着不公平感的降低，他们对当地政府的信任感会提升（郑振清等，2018），而政府信任对农民工的政治参与有显著的促进作用（Cropanzano，Mitchell，2005）。其三，三类市民网络均可以通过政治信息获取对农民工的政治参与产生影响。根据社会资本理论中的信息效应（林南，2005）可知，随着农民工总体市民网络占比的提高，农民工能够获取的政治信息越多，且随着政治信息的增多，农民工政治参与的概率显著提升。

从强关系市民网络与弱关系市民网络的比较来看，他们对政治参与的直接影响及通过政治信息获取的间接影响相似，而在通过不公平感的间接效应中略有差别。即强关系市民网络通过不公平感影响政治参与的间接效应十分微弱，而弱关系则比较显著。这可能的原因是强关系与弱关系本身存在差异。一方面，农民工的强关系大多是由血缘、亲缘和地缘构成的先赋性社会关系。这类关系是一直存在于农民工身边，而由这种关系引发的不公平感已经让农民工形成了习惯，也就很难引起其行为的改变。另一方面，农民工的弱关系则大多是由友缘、业缘形成的再构建社会关系。这类关系很可能是农民工来到城市后重新建立的社会关系，而与新朋友进行社会比较后产生的不公平感知是一种新的认知，新的认知更容易引发其行为的改变（李全利，2023；李慧敏，2021）。

第四，处于不同市民化状态的农民工市民网络对政治参与的影响机制存在差异，其差异主要体现在流动距离和流动区域上。一方面，从流动距离来看，省内流动的农民工总体市民网络、弱关系市民网络对政治参与有显著正向影响，跨省流动的农民工影响微弱或不显著。此外，政治信息获取在省内流动的农民工的强关系市民网络与政治参与之间发挥中介作用，而在省外流动的农民工的强关系市民网络与政治参与之间不发挥中介作用。另一方面，从流动区域来看，农民工的总体市民网络、强关系市民网络、弱关系市民网络对其政治参与影响机制的差异均体现为不公平感在就近城镇化为主地区（长沙市）农民工的市民网络与政治参与之间发挥中介作用，而在异地城镇化为主地区（厦门市）农民工的市民网络与政治参与之间不发挥中介作用。

第九章

政治文化对农民工政治参与的影响机制研究

本章采用本次调查的两期数据，基于政治文化理论，剖析政治文化现代化对农民工政治参与的影响机制。首先，分析农民工在城市的政治文化的现状，并比较不同流动距离和流动地域的农民工群体之间的差异。其次，分析政治文化对农民工政治参与的影响机制，并将不公平感作为中介变量纳入其中。再次，比较不同流动距离农民工群体的政治文化对政治参与影响机制的差异。最后，比较不同流动地域农民工群体的政治文化对政治参与影响机制的差异。

第一节　研究设计

一、研究目标

目前中国正处于政治文化转型期，正经历着由传统政治文化向现代政治文化的转变，从顺从政治文化向参与型文化的过渡（王光海，黄红梅，2003）。顺从文化是贯穿中国几千年传统的政治文化，是与两千年来的君主专制制度相伴而生的。包括君权至上、权力崇拜、等级观念等的臣民意识是顺从文化的核心体现（伍俊斌，2012）。改革开放以来，大量的西方民主思想冲击着中国传统的政治文化，中国政治文化开始向着自由、平等、民主转变。王雁来等人2000年的调查发现，随着经济的高速发展，中国政治文化中自由、民主的倾向逐渐加强（Wang等，2004），拜权主义逐渐减弱；国家与社会的关系逐渐趋于自主、平等，官本位、家长制的观念开始削弱（熊光清，2011），参与型文化开始萌发。参与型政治文化会促使人们逐渐变为一个理性、积极而忠诚的公民（阿尔蒙德，维巴，2014），有助于他们进行政治参与。由于农村依然是以农业为支撑的经济基础，生产资料（土地）的固化使得农业具有天生的稳定性，使得农民的传统政治文化习得于封闭的乡村社区，稳定不变的封闭的乡土文化成为农民社会文化的突出表现，传统顺从文化的烙印更深。城市社会由于工业的大力发展、经济的快速提高，其政治文化现代化的进程走在农村的前列。城乡流动让农民工的政治文化有了区别于其他人群的特质。一方面，他们深受农村传统顺从文化的影响；另一方面他们外出打工后受到了城市现代参与型政治文化的冲击，政治文化现代化的速度加快。因此，在城市工作、生活的农民工拥有高于农民、低于市民的参与型政治文化特质，高于市民、低于农民的顺从文化特质。那么农民工的政治文化中顺从文化和参与型文化的水平到底如何？这种特殊的政治文化类型会对他们的政治参与产生什么样的影响呢？这种影响是通过何种机制起作用的？基于对上述问题的思考，本章将利用本研究的调查数据，系统地分析政治文化对当前农民工群体在城市的政治参与的影响机制，并深入剖析不同市民化类型的农民工群体影响机制的差异。具体研究目标包括以下三个方面：

第一，分析政治文化对农民工政治参与的影响。

第二，剖析政治文化对农民工政治参与的影响机制。

第三，比较不同市民化类型农民工的政治文化对其政治参与的影响机制。

二、理论分析与研究假设

政治文化理论认为政治文化是一个民族在特定时期流行的一套政治态度、信仰和感情（阿尔蒙德，维巴，2014），它是由政治心理、政治态度、政治意识等层面组成的观念体系（朱晓进，2006）。有研究提出，政治态度、政治认知、政治情感、政治评价和政治心理等构成了政治文化研究的主要维度（李路曲，2020）。目前学界对于政治文化的测度尚未达成一致。阿尔蒙德从认知因素、情感因素、评价因素剖析政治文化。具体而言，认知因素，指对政治系统、官员、输入和输出的知识和信仰；情感因素，指对政治系统人员和执行的情绪；评价因素，指对政治目标的判断和意见（阿尔蒙德，维巴，2004）。王沪宁（1987）则从政治意识、政治认同、政治知识和政治情感四个维度来剖析政治文化。也有学者认为将政治文化视为人们的取向模式，从政治认知、政治态度、政治信仰、政治情感以及政治价值五个维度进行衡量（俞可平，2000）。郑维东和李晓男（2004）则直接把政治文化划分为大众政治心理和意识形态两个基本维度。鉴于目前对农民工政治文化的实证研究较少，且大多将其聚焦于政治效能感、权威价值观、政治意识等（杜海峰等，2015）。考虑到农民工群体的特殊性，借鉴已有政治文化研究，本研究从政治态度、政治价值与政治认知三个方面对农民工政治文化概念进行构建，将农民工政治文化划分为政治效能感、权威价值观和政治影响。表9-1提供了本研究关于农民工政治文化概念构建的结果及相应的操作化方法。

表9-1　农民工政治文化的概念构建与操作化

维度	测量内容	参考或修改来源
政治效能感	内部效能感 外部效能感	如阿尔蒙德、沃伦·米勒等。
权威价值观	对政府的权威性的认可程度	马得勇的量表。
政治影响	政府工作对个人的影响程度	如阿尔蒙德。

根据 Garcia（1987）的政治融合理论可知，政治文化对移民的政治参与有重要的影响。阿尔蒙德和维巴的公民文化理论也指出处于参与型文化的公众政治参与的可行性最高（阿尔蒙德，维巴，2004）。国际移民的研究发现，政治文化观念会影响移民的政治参与行为，政治文化中的政治态度（如政治效能感）、政治价值观会对移民的政治行为有重要影响（Hirsch，Gutierrez，1973）。国内研究也发现，政治文化是影响公民参与的重要因素（金华，2011；孙景珊，2009；王四正，2016）。在农民工问题的实证检验中也发现，传统的政治文化是限制农民工政治参与的主要因素（朱彬彬，朱文文，2006），其中，政治效能感越低则农民工政治参与积极性越低，参与行为的发生概率越低（邓秀华，2009；王立梅，胡刚，2006）。政治知识、政治效能感、政治关心和政治影响等政治心理因素对农民工政治参与有着重要的作用（万斌，章秀英，2010）。权威价值观会抑制农民工政治参与的可能性（万斌，章秀英，2010）。由此可见，政治文化会对农民工的政治参与有重要的影响。

已有研究发现，政治文化会对政府绩效评价有显著的影响（肖唐镖，王江伟，2014）。政府执政公平是衡量政府绩效的一个重要方面（刘笑霞，2011；麻宝斌、马永强，2019）。鉴于制度身份是农民工和市民异质性的根源，因为制度身份不同，农民工面临着城市社会福利与社会保障体系全面而持久的排斥，无法享受与市民相同的待遇和制度保障（李培林，李炜，2007）。同为国家公民却承受制度带来的不公平也成了我国农民工最为突出的特性（刘茜，杜海峰，2017）。因此，公平绩效可能是农民工衡量政府绩效的关键。公平理论中公平绩效就是指"公平感"（Adams，1965）。根据政治文化的解释逻辑，农民工的政治文化对他们的公平感有重要影响。已有研究发现，公平感是影响农民工政治参与的重要因素，即不公平感容易引发农民工群体的集群行为（牛静坤等，2016）。据此可以推断，农民工政治文化可能会通过不公平感影响其政治参与。

此外，处于不同市民化状态的农民工所面临的社会文化环境具有较大的差异。一方面，流动空间跨度越大，农民工面临的制度隔离越大。由于我国地区经济社会发展不均衡，各地方政府仍然存在明显的地方保护主义，省际的政策制度并不兼容。跨省的社保转移、城市福利共享还存在障碍，导致大量农民工缺乏参与城市社保的积极性，不愿意参加社保（杨召奎，2015）。无法享受当地公共社会福利保障，影响农民工参与城市政治生活的积极性，致使他们政治参与的可能性降低。另一方面，由于我国幅员辽阔、自然地理环境迥异，各个地区形成了不同的区域政治文化，如岭南文化、闽南文化、湖湘文化等。不同区域政治文化之间存在着行为和道德规范等方面的差异（高翔，龙小宁，2016），进而流动到不同区域的农民工感受到的政治文化可能会存在明显差异。因此，本章将从不同流动距离、不同流动地域来剖析政治文化对农民工政治参与的影响机制。具体研究框架和假设如下图9-1所示：

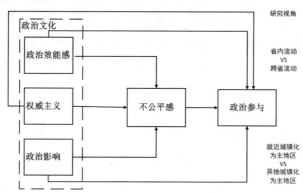

图 9-1　政治文化对农民工政治参与的分析框架

根据以上分析，本章提出研究假设：

假设9-1：政治文化对农民工政治参与有显著的影响。

假设9-1.1：政治效能感越高农民工政治参与的可能性越大。

假设9-1.1a：内部效能感越高农民工政治参与的可能性越大。

假设9-1.1b：外部效能感越高农民工政治参与的可能性越大。

假设9-1.2：权威价值观越弱农民工政治参与的可能性越大。

假设9-1.3：农民工感受到的政治影响越强农民工政治参与的可能性越大。

假设9-2：政治文化通过不公平感对农民工政治参与起作用。

假设 9-2.1：政治效能感会通过不公平感对农民工政治参与起作用。

假设 9-2.1a：内部效能感会通过不公平感对农民工政治参与起作用。

假设 9-2.1b：外部效能感会通过不公平感对农民工政治参与起作用。

假设 9-2.2：权威价值观会通过不公平感对农民工政治参与起作用。

假设 9-2.3：政治影响会通过不公平感对农民工政治参与起作用。

假设 9-3：流动距离不同，农民工政治文化影响政治参与的机制不同。

假设 9-3.1：流动距离不同，政治效能感对政治参与的影响机制不同。

假设 9-3.1a：流动距离不同，内部效能感对政治参与的影响机制不同。

假设 9-3.1b：流动距离不同，外部效能感对政治参与的影响机制不同。

假设 9-3.2：流动距离不同，权威价值观对政治参与的影响机制不同。

假设 9-3.3：流动距离不同，政治影响对政治参与的影响机制不同。

假设 9-4：流动地域不同，农民工政治文化影响政治参与的机制不同。

假设 9-4.1：流动地域不同，政治效能感对政治参与的影响机制不同。

假设 9-4.1a：流动地域不同，内部效能感对政治参与的影响机制不同。

假设 9-4.1b：流动地域不同，外部效能感对政治参与的影响机制不同。

假设 9-4.2：流动地域不同，权威价值观对政治参与的影响机制不同。

假设 9-4.3：流动地域不同，政治影响对政治参与的影响机制不同。

三、变量设置

（一）政治参与

本章的政治参与变量的设置与第七章一致，均是将所有政治参与的指标进行加总取均值，数值越大则表示农民工政治参与的水平越高，具体变量设置参照第 7 章。

（二）政治文化

政治效能感：参照沃伦·米勒（1980）和熊光清（2013）对内外效能感变量的测量。通过询问被访者"像我这样的人，无权评价政府。"来测量内部效能感（非常不同意＝4，不同意＝3，无所谓＝2，同意＝1，非常同意＝0）。通过询问被访者"政府官员不太在乎我这样的人有何想法。"来测量外部效能感（非常不同意＝4，不同意＝3，无所谓＝2，同意＝1，非常同意＝0）。在分析中，将政治效能感作为连续变量进行处理，且分值越高代表政治效能感越强。

权威价值观：参考马得勇（2007）的量表，在调查中询问被访者"凡是政府的政策和规定我都必须服从""政府官员所做的事情一般都是对的""政府的领导就像一家之长，我们应该服从他们的决定""服从政府总是不会错的"，答案均采用"非常不同意"到"非常同意"五级评价。在分析中四道题目加总，Alpha 值为 0.8284，量表信度可以接受，且分值越高代表权威价值观越强。

政治影响：参考阿尔蒙德，维巴（2014）的测量，通过询问被访者长沙/厦门市政府的工作对他们在长沙/厦门的工作和生活有没有影响进行测量（完全没有影响 =0，有较少的影响 =1，有很大的影响 =2）。在分析中，将政治影响作为连续变量进行处理，且分值越高代表政治影响越大。

自变量的描述将在第九章第二节进行详细介绍，此处不再对其进行描述。

（三）不公平感

本章的不公平感的设置与第八章一致，均是将所有不公平的指标进行加总，代表本研究的中介变量不公平感，分值越高，表示农民工感受到的不公平感越强。具体变量设置参照第八章。

（四）控制变量

为准确全面地探究农民工政治文化对政治参与的影响，本章的控制变量包括农民工人口特征和社会经济特征两个维度。其中，人口特征包括性别（男 =1，女 =0）、年龄（连续变量）、政治面貌（党员 =1，非党员 =0）和婚姻状况（有配偶 =1，无配偶 =0）。社会经济特征包括受教育年限（连续变量）、职业（自雇 =1，受雇 =0）、月收入（连续变量）、流动时间（连续变量）、流动城市数（连续变量）、流动距离（省内流动 =1，跨省流动 =0）和流入地域〔就近城镇化为主地区（长沙市），异地城镇化为主地区（厦门市）〕。本研究控制变量的描述性统计结果详见表 9-2。

表 9-2　中介变量与控制变量的描述性统计结果

变量	参考项	样本量	均值	标准差	最小值	最大值
不公平感	连续变量	2382	2.026	1.294	0	4
省内流动	跨省流动	2411	0.626	0.484	0	1
就近城镇化为主地区（长沙市）	异地城镇化为主地区（厦门市）	2415	0.506	0.5	0	1
男性	女性	2415	0.572	0.495	0	1
年龄	连续变量	2408	34.737	10.25	18	76
党员	非党员	2412	0.047	0.211	0	1
有配偶	无配偶	2413	0.743	0.437	0	1

变量	参考项	样本量	均值	标准差	最小值	最大值
受教育年限	连续变量	2414	10.49	3.044	0	16
自雇	受雇	2356	0.124	0.329	0	1
月收入	连续变量	2300	8.152	0.666	0	11.002
流动时间	连续变量	2387	8.391	7.536	0	63
流动城市数	连续变量	2388	1.231	2.183	0	30

四、方法与策略

首先，本章采取描述性统计分析现阶段农民工政治文化的总体水平，利用 T 检验比较不同流动距离和流入不同地域农民工政治文化的差异。其次，对政治效能感、权威价值观、政治影响、不公平感和政治参与进行相关性分析。最后，利用 STATA 软件中的 SEM 模块构建一组路径分析模型从政治效能感、权威价值观、政治影响、不公平感出发，剖析政治文化对农民工政治参与的影响机制。为从包含缺失值的观测中获得尽可能多的信息，我们在 SEM 结构方程模型中选择保留缺失值极大似然估计法（Maximum Likelihood with Missing Values，MLMV）方法估计中介方程。另外，为探究"省内流动与跨省流动"以及"就近城镇化为主地区（长沙市）与异地城镇化为主地区（厦门市）"农民工政治文化对政治参与的影响机制是否存在差异，我们进行了多群组 SEM 分析（Simultaneous Analysis of Several Groups）。需要说明的是，通过 SEM 的模型修正指数（Mindices）的检验发现，政治文化的三个维度纳入同一个模型时，会严重影响模型的拟合优度，故在下文的模型构建中对三者分别建立模型。

第二节　农民工政治文化水平现状研究

一、农民工政治文化现状分析

表 9-3 提供了农民工政治文化的总体水平。从政治效能感来看，内部效能感均值为 2.409，换算为百分制为 60.225 分；外部效能感均值为 1.971，换算为百分制为 49.275 分，由此可见农民工群体的内部效能感相对较高，而外部效能感则偏低。从具体的分布来看，农民工不同意和非常不同意"无权评价政府"

这一观点的人数约 50.77%，即超五成的农民工内部效能感水平较高；而不同意以及非常不同意"政府官员不太在乎我这样的人有何想法"的比例约 30.58%，即仅有约三成的农民工有较强的外部效能感。从权威价值观来看，农民工权威价值观均值为 12.102，换算为百分制为 50.638 分，尚未达到 60 分及格线，这说明农民工的权威价值观已经开始弱化。从政治影响来看，农民工觉得当地政府的工作会对他产生影响的均值为 0.742，换算为百分制为 37.1 分，由此可见，大多数农民工没有感受到政府对其有很大的影响。从具体分布来看，完全没有受到政治影响的农民工群体占比约 41.33%，认为有较少影响占比约 43.15%，而认为有较大影响的占比最低，约 15.52%。

表 9-3 农民工政治文化现状分析

政治文化	样本量	均值/百分比	标准差
政治效能感			
内部效能感	2409	2.409	1.003
非常同意	63	2.62%	/
同意	421	17.48%	/
中立/无所谓	702	29.14%	/
不同意	914	37.94%	/
非常不同意	309	12.83%	/
外部效能感	2407	1.971	1.002
非常同意	130	5.40%	/
同意	700	29.08%	/
中立/无所谓	841	34.94%	/
不同意	582	24.18%	/
非常不同意	154	6.40%	/
权威价值观	2405	12.102	3.043
政治影响	2410	0.742	0.709

政治文化	样本量	均值/百分比	标准差
完全没有影响	996	41.33%	/
较少影响	1040	43.15%	/
有很大影响	374	15.52%	/

二、农民工政治文化的流动距离差异比较

表9-4比较了不同流动距离的农民工的政治文化水平的差异。数据结果显示，省内流动和省外流动农民工的政治文化差异主要集中在权威价值观上，即跨省流动者的权威价值观显著高于省内流动农民工，而他们在政治效能感、政治影响上不存在明显的统计学上的差异。

表9-4 省内流动和跨省流动农民工政治文化差异比较

政治文化	省内流动（n=901）		跨省流动（n=1510）		T检验
	均值	标准差	均值	标准差	
政治效能感					
内部效能感	2.424	1.023	2.383	0.956	ns
外部效能感	1.954	1.037	1.999	0.940	ns
权威价值观	11.931	3.074	12.381	2.973	***
政治影响	0.742	0.722	0.735	0.687	ns

显著性：*** $p<0.001$，** $p<0.01$，* $p<0.05$，+ $p<0.1$，ns $p>0.1$。

三、农民工政治文化的流动地域差异比较

表9-5提供了流动到不同区域的农民工政治文化水平的差异。数据结果显示，流动到就近城镇化为主地区（长沙市）和异地城镇化为主地区（厦门市）农民工的政治文化水平存在明显差异。具体而言，流动到异地城镇化为主地区（厦门市）农民工的外部效能感、权威价值观、政治影响显著高于流动到就近城镇化为主地区（长沙市）的农民工，而内部效能感二者不存在显著差异。

表9-5　就地城镇化和异地城镇化农民工政治文化差异比较

政治文化	就近城镇化为主地区 （长沙市 n＝1223）		异地城镇化为主地区 （厦门市 n＝1192）		T检验
	均值	标准差	均值	标准差	
政治效能感					
内部效能感	2.417	1.053	2.401	0.948	ns
外部效能感	1.900	1.073	2.044	0.919	***
权威价值观	11.812	3.131	12.397	2.922	***
政治影响	0.647	0.701	0.839	0.704	***

显著性：*** p<0.001，** p<0.01，* p<0.05，＋ p<0.1，ns p>0.1。

第三节　政治文化对农民工政治参与的影响机制

为了描绘和反映变量间数量关系变化，本节首先对政治参与、内部效能感、外部效能感、权威价值观、政治影响、不公平感各主变量进行相关分析，相关分析结果如表9-6所示。

表9-6　主变量相关分析（n＝2415）

变量名称	政治参与	内部效能感	外部效能感	权威价值观	政治影响	不公平感
政治参与	1.000					
内部效能感	0.168***	1.000				
外部效能感	0.085***	0.390***	1.000			
权威价值观	-0.065**	-0.236***	-0.031	1.000		
政治影响	0.149***	0.144***	0.015	-0.121***	1.000	
不公平感	-0.066**	-0.027	-0.161***	-0.154***	0.065**	1.000

显著性：*** p<0.001，** p<0.01，* p<0.05，+p<0.1，ns p>0.1。

数据结果显示，政治参与和内部效能感、外部效能感、权威价值观、政治影响、不公平感之间存在明显相关性。其中，内部效能感、外部效能感和政治影响均与政治参与呈显著正向关系，权威价值观、不公平感与政治参与呈显著负向关系。外部效能感和权威价值观与不公平感呈显著负向关系，政治影响与不公平感呈显著正向关系。

一、政治效能感对农民工政治参与的影响机制分析

图9-2提供了内部效能感、不公平感对农民工政治参与的路径分析模型。结果显示，模型的总体拟合状况良好，最大似然估计值（Log likelihood = −46264.503，$p < 0.001$）、决定系数（CD = 0.148）；近似均方根（RMSEA = 0.000）低于0.05；CFI = 1.000，TLI = 1.000。路径分析结果显示，内部效能感对农民工政治参与有显著的正向作用（$\beta = 0.129$，$p < 0.001$），即内部效能感越强，农民工政治参与的概率越大；内部效能感对农民工不公平感没有显著影响（$\beta = -0.026$，$p > 0.1$）；不公平感对农民工政治参与有显著的负向作用（$\beta = -0.05$，$p < 0.01$），即农民工不公平感越强，政治参与可能性越小。这个结果表明内部效能感、不公平感对农民工政治参与具有直接作用，中介作用可能不存在。

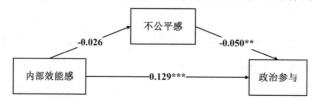

图9-2　内部效能感、不公平感对农民工政治参与的影响路径图

注：*** $p<0.001$，** $p<0.01$，* $p<0.05$，+$p<0.1$。此模型已包含性别、年龄、政治面貌、婚姻状况、受教育程度、职业、收入、流动时间、流动城市数、流动距离、城市控制变量。

为了进一步验证中介机制，我们对中介效应进行了检验，如表9-7所示。结果表明，内部效能感对政治参与的总效应为0.130（$p<0.001$），直接效应为0.129（$p<0.001$），中介效应为0.001（$p>0.1$）。内部效能感对农民工政治参与的中介效应在0.1的置信水平上不显著，这也说明内部效能感——不公平感——政治参与的中介机制不存在。

表 9-7　内部效能感通过不公平感对政治参与的影响（n=2415）

变量	不公平感	政治参与		
		总效应	直接效应	中介效应
内部效能感	-0.026	0.130***	0.129***	0.001
不公平感	/	-0.050**	-0.050**	/
男性（女性）	0.051*	0.01	0.013	-0.003+
年龄	-0.036	0.042+	0.04+	0.002
已婚（未婚）	0.015	0.003	0.004	-0.007
教育年限	-0.019	0.182***	0.181***	0.001
自雇（受雇）	-0.009	-0.028	-0.028	0.0004
党员（非党员）	0.003	0.144***	-0.144***	-0.0001
月收入（取对数）	-0.041+	-0.003	-0.005	0.002
流动城市数	0.021	0.000	0.001	0.0001
流动时间	-0.009	0.194***	0.194***	0.0005
省内（跨省）	-0.019	0.046*	0.045*	0.0009
就近城镇化为主地区（异地城镇化为主地区）	0.052*	-0.072***	-0.069***	-0.003+

显著性：***p<0.001，**p<0.01，*p<0.05，+p<0.1，ns p>0.1。

图 9-3 提供了外部效能感、不公平感对农民工政治参与的路径分析模型。结果显示，模型的总体拟合状况良好，最大似然估计值（Log likelihood=-46275.823，p<0.001）、决定系数（CD=0.158）；近似均方根（RMSEA=0.000）低于 0.05；CFI=1.000，TLI=1.000。路径分析结果显示，外部效能感对农民工政治参与有显著的正向作用（β=0.066，p<0.01），即外部效能感越强，农民工政治参与的概率越大；外部效能感对农民工不公平感有显著的负向影响（β=-0.161，p<0.001）；不公平感对农民工政治参与有显著的负向作用（β=-0.042，p<0.05），即农民工不公平感越强，政治参与可能性越小。这个结

果表明外部效能感、不公平感对农民工政治参与具有直接作用，并且外部效能感还可以通过不公平感对农民工政治参与起部分中介作用。

图9-3　外部效能感、不公平感对农民工政治参与的影响路径图

注：显著性水平＊＊＊p<0.001，＊＊p<0.01，＊p<0.05，+
p<0.1。此模型已包含性别、年龄、政治面貌、婚姻状
况、受教育程度、职业、收入、流动时间、流动城市
数、流动距离控制变量。

为了进一步验证中介机制，我们对中介效应进行了检验，如表9-8所示，外部效能感对政治参与的总效应为0.073（p<0.001），直接效应为0.066（p<0.01），中介效应为0.007（p<0.05）。外部效能感对农民工政治参与的中介效应在0.05的置信水平上显著，其中中介效应占总效应的9.6%。这也表明外部效能感对农民工政治参与存在部分中介效应，即外部效能感对农民工政治参与的影响部分是通过不公平感实现的。

表9-8　外部效能感通过不公平感对政治参与的影响（n＝2415）

变量	不公平感	政治参与		
		总效应	直接效应	中介效应
外部效能感	−0.161＊＊＊	0.073＊＊＊	0.066＊＊	0.007＊
不公平感	／	−0.042＊	−0.042＊	／
男性（女性）	0.057＊＊	0.008	0.010	−0.002+
年龄	−0.033	0.034	0.033	0.001
已婚（未婚）	0.015	0.007	0.008	−0.001
教育年限	−0.020	0.198＊＊＊	0.197＊＊＊	0.001
自雇（受雇）	−0.005	−0.030	−0.030	0.0002

变量	不公平感	政治参与		
		总效应	直接效应	中介效应
党员（非党员）	0.005	0.150***	−0.150***	−0.0002
收入（取对数）	−0.048*	0.006	−0.004	0.002
流动城市数	0.026	0.001	0.002	−0.001
流动时间	−0.009	0.197***	0.197***	0.0003
省内（跨省）	−0.017	0.044*	0.044*	0.0007
就近城镇化为主地区（异地城镇化为主地区）	0.041*	−0.066**	−0.065**	−0.002

显著性：***p<0.001，**p<0.01，*p<0.05，+p<0.1，ns p>0.1。

二、权威价值观对农民工政治参与的影响机制分析

图 9-4 提供了权威价值观、不公平感对农民工政治参与的路径分析模型。结果显示，模型的总体拟合状况良好，最大似然估计值（Log likelihood = −46232.423，p<0.001）、决定系数（CD = 0.157）；近似均方根（RMSEA = 0.000）低于 0.05；CFI = 1.000，TLI = 1.000。路径分析结果显示，农民工权威价值观对政治参与有显著负向影响（β = −0.064，p<0.01），对不公平感具有显著的负向影响（β = −0.16，p<0.001）。说明农民工权威价值观越高，其政治参与的概率越低，感受到的不公平感越弱。不公平感对政治参与有显著的负向影响（β = −0.063，p<0.01），即农民工感受到的不公平感越强，他们政治参与的可能性越低。这个结果表明权威价值观对农民工政治参与有直接作用，且权威价值观还可以通过不公平感对农民工政治参与起部分中介作用。

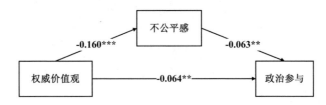

图 9-4 权威价值观、不公平感对农民工政治参与的影响路径图

注：*** p<0.001，** p<0.01，* p<0.05，+p<0.1。此模型已包含性别、年龄、政治面貌、婚姻状况、受教育程度、职业、收入、流动时间、流动城市数、流动距离、城市控制变量。

为了进一步验证中介机制，我们对中介效应进行了检验，如表 9-9 所示。结果显示，权威价值观对政治参与的总效应为-0.054（p<0.01），直接效应为-0.064（p<0.01），中介效应为0.01（p<0.01）。权威价值观对农民工政治参与的中介效应在0.01的置信水平上显著，且中介效应和总效应呈相反的方向。因此，这个结果表明权威价值观通过不公平感对政治参与有部分遮掩效应。

表 9-9 权威价值观通过不公平感对政治参与的影响（n=2415）

变量	不公平感	政治参与		
		总效应	直接效应	中介效应
权威价值观	-0.160***	-0.054**	-0.064**	0.01**
不公平感	/	-0.063**	-0.063**	/
男性（女性）	0.050**	0.01	0.013	-0.003+
年龄	-0.008	0.043+	0.042+	0.001
已婚（未婚）	0.014	0.007	0.008	-0.001
教育年限	-0.033	0.195***	0.193***	0.002
自雇（受雇）	-0.018	-0.031	-0.032	0.001
党员（非党员）	-0.002	0.151***	-0.150***	0.0001
收入（取对数）	-0.049*	0.001	-0.002	0.003+

变量	不公平感	政治参与		
		总效应	直接效应	中介效应
流动城市数	0.018	0.002	0.003	-0.001
流动时间	-0.007	0.198***	0.198***	0.0004
省内（跨省）	-0.024	0.044**	0.042*	0.002
就近城镇化为主地区 （异地城镇化为主地区）	0.052**	-0.072***	-0.069***	-0.003*

显著性：*** p<0.001，** p<0.01，* p<0.05，+p<0.1，ns p>0.1。

三、政治影响对农民工政治参与的影响机制分析

图 9-5 提供了政治影响、不公平感对农民工政治参与的路径分析模型。结果显示，模型总体拟合状况良好，最大似然估计值（Log likelihood = -46256.098，p<0.001）、决定系数（CD = 0.148）；近似均方根（RMSEA = 0.000）低于 0.05；CFI = 1.000，TLI = 1.000。路径分析结果显示，政治影响对农民工政治参与有显著正向作用（β = 0.113，p<0.001），即农民工受政治影响越强，其政治参与的可能性越大。农民工政治影响对不公平感具有显著正向影响（β = 0.072，p<0.01），即农民工受政治影响越深，其感受到的不公平感越强。不公平感对政治参与有显著负向影响（β = -0.060，p<0.01），即农民工感受到的不公平感越强，他们政治参与的可能性越低。这个结果表明政治影响对农民工政治参与具有直接作用，并且政治影响还可能通过不公平感对农民工政治参与起部分中介作用。

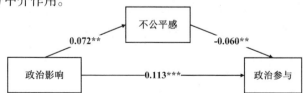

图 9-5　政治影响、不公平感对农民工政治参与的影响路径图

注：*** p<0.001，** p<0.01，* p<0.05，+p<0.1。此模型已包含性别、年龄、政治面貌、婚姻状况、受教育程度、职业、收入、流动时间、流动城市数、流动距离、城市控制变量。

　　为了进一步验证中介机制，我们对中介效应进行了检验，如表 9-10 所示。结果显示，政治影响对政治参与的总效应为 0.109（p<0.001），直接效应为 0.113（p<0.001），中介效应为-0.004（p<0.01）。政治影响对政治参与的中介效应在 0.01 的置信水平上显著，且中介效应和总效应呈相反的方向。因此，这个结果表明政治影响通过不公平感对政治参与有部分遮掩效应。

表 9-10　政治影响通过不公平感对政治参与的影响（n=2415）

变量	不公平感	政治参与		
		总效应	直接效应	中介效应
政治影响	0.072**	0.109***	0.113***	-0.004**
不公平感	/	-0.060**	-0.060**	/
男性（女性）	0.051**	0.01	0.013	-0.003+
年龄	-0.035	0.034	0.031	0.002
已婚（未婚）	0.015	0.009	0.010	-0.001
教育年限	-0.036	0.178***	0.176***	0.002
自雇（受雇）	-0.010	-0.028	-0.029	0.001
党员（非党员）	0.003	0.155***	-0.155***	-0.0001
收入（取对数）	-0.042*	0.002	-0.001	0.003+
流动城市数	0.022	0.006	0.007	-0.001
流动时间	-0.011	0.195***	0.194***	0.001
省内（跨省）	-0.022	0.041*	0.039*	0.001
就近城镇化为主地区（异地城镇化为主地区）	0.053**	-0.072***	-0.069***	-0.003*

显著性：*** p<0.001，** p<0.01，* p<0.05，+p<0.1，ns p>0.1。

第四节　政治文化对农民工政治参与影响 机制的流动距离差异

本节以流动距离作为视角，深入剖析就近流动（省内流动）与远距离流动（跨省流动）的农民工政治文化对政治参与影响机制的差异。需要说明的是，在本节的计算中将流动距离缺失的样本进行删除，最终进入分析的样本数为 2411个，其中省内流动的样本数为 1510 个，跨省流动的样本数为 901 个。

一、不同流动距离农民工政治效能感对政治参与的影响差异

图 9-6 与表 9-11 的数据结果显示：其一，对于省内流动的农民工来说，农民工内部效能感越高，则政治参与的可能性越大；农民工的不公平感越强烈，他们政治参与的可能性越小。此外，省内流动的农民工的内部效能感不通过不公平感对政治参与起作用，不存在明显的中介效应。其二，对于跨省流动的农民工来说，内部效能感对政治参与有着明显的正向影响，农民工内部效能感越高，其感受到的不公平感越弱；而不公平感对政治参与没有明显的影响；不公平感在内部效能感对农民工政治参与的影响中不存在显著的中介机制。

图 9-6　内部效能感、不公平感对农民工政治参与影响机制的流动距离差异图

注：*** p<0.001，** p<0.01，* p<0.05，+p<0.1。此模型已包含性别、年龄、政治面貌、婚姻状况、受教育程度、职业、收入、流动时间、流动城市数、流动距离、流入地控制变量。最大似然估计值（Log likelihood = -42177.02）、决定系数（CD = 0.155）；近似均方根（RMSEA = 0.000）低于 0.05；CFI = 1.000，TLI = 1.000，模型拟合良好。

表9-11 内部效能感通过不公平感对政治参与影响的流动距离差异比较

变量	不公平感	政治参与		
		总效应	直接效应	中介效应
省内流动（n=1510）内部效能感	-0.003	0.114***	0.114***	0.0001
不公平感	/	-0.054*	-0.054*	/
跨省流动（n=901）				
内部效能感	-0.077*	0.158***	0.155***	0.003
不公平感	/	-0.035	-0.035	/

显著性：***p<0.001，**p<0.01，*p<0.05，+p<0.1，ns p>0.1。

图9-7、表9-12的数据结果显示：其一，对于省内流动的农民工来说，农民工外部效能感越高，则政治参与的概率越大，感知到的不公平感越小；农民工的不公平感越强烈，他们政治参与的可能性越小。中介效应检验结果显示，省内流动的农民工的外部效能感不通过不公平感对政治参与起作用，即不存在中介效应。其二，对于跨省流动的农民工来说，外部效能感对政治参与只有微弱的正向影响，而农民工外部效能感越高，感受到的不公平感越弱；不公平感知对农民工政治参与没有明显的影响。中间效应检验结果显示，不公平感在外部效能感对农民工政治参与的影响中不存在显著的中介机制。

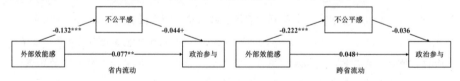

图9-7 外部效能感、不公平感对农民工政治参与影响机制的流动距离差异图

注：***p<0.001，**p<0.01，*p<0.05，+p<0.1。此模型已包含性别、年龄、政治面貌、婚姻状况、受教育程度、职业、收入、流动时间、流动城市数、流动距离、流入地控制变量。最大似然估计值（Log likelihood=-42197.795）、决定系数（CD=0.164）；近似均方根（RMSEA=0.000）低于0.05；CFI=1.000，TLI=1.000，模型拟合良好。

表 9-12　外部效能感通过不公平感对政治参与影响的流动距离差异比较

变量	不公平感	政治参与		
		总效应	直接效应	中介效应
省内流动（n=1510）外部效能感	-0.132***	0.083**	0.077**	0.006
不公平感	/	-0.044+	-0.044+	/
跨省流动（n=901）				
外部效能感	-0.222***	0.056*	0.048+	0.008
不公平感	/	-0.036	-0.036	/

显著性：***p<0.001，**p<0.01，*p<0.05，+p<0.1，ns p>0.1。

由此可见，跨省流动与省内流动农民工群体中政治效能感对政治参与的影响机制相近。一方面，不论是省内流动还是跨省流动的农民工，政治效能感对他们的政治参与均起到直接效应，即政治效能感越高则农民工政治参与的概率越大。另一方面，不公平感在两类人群的政治效能感与政治参与之间均不存在显著的中介效应。

二、不同流动距离农民工权威价值观对政治参与的影响差异

图 9-8 与表 9-13 的数据结果显示：其一，对于省内流动的农民工来说，农民工的权威价值观越强烈，则政治参与的概率越小，感知到的不公平感越小；农民工的不公平感越强烈，他们政治参与的可能性越小。从中介效应检验的结果来看，权威价值观通过不公平感对政治参与产生部分遮掩效应。其二，对于跨省流动的农民工来说，权威价值观同样对政治参与具有负向影响，且权威价值观越强烈感受到的不公平感越小；不公平感知对农民工政治参与有明显的负向作用，即感知到的不公平感越大则政治参与的可能性越小。权威价值观依然会通过不公平感对政治参与产生部分遮掩效应。

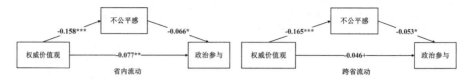

图 9-8 权威价值观、不公平感对农民工政治参与影响机制的流动距离差异图

注：*** p<0.001，** p<0.01，* p<0.05，+p<0.1。此模型已包含性别、年龄、政治面貌、婚姻状况、受教育程度、职业、收入、流动时间、流动城市数、流动距离、流入地控制变量。最大似然估计值（Log likelihood=-42160.151）、决定系数（CD=0.163）；近似均方根（RMSEA=0.000）低于0.05；CFI=1.000，TLI=1.000，模型拟合良好。

表 9-13 权威价值观通过不公平感对政治参与影响的流动距离差异比较

变量	不公平感	政治参与		
		总效应	直接效应	中介效应
省内流动（n=1510） 权威价值观	-0.158***	-0.067*	-0.077**	-0.010*
不公平感	/	-0.066*	-0.066*	/
跨省流动（n=901）				
权威价值观	-0.165***	-0.038	-0.046+	-0.009+
不公平感	/	-0.053*	-0.053*	/

显著性：*** p<0.001，** p<0.01，* p<0.05，+ p<0.1，ns p>0.1。此模型已包含性别、年龄、政治面貌、婚姻状况、受教育程度、职业、收入、流动时间、流动城市数、流动距离、流入地控制变量。

综上可知，省内流动和跨省流动的农民工权威价值观对政治参与的影响机制基本一致。具体而言，一方面，无论省内流动还是跨省流动的农民工权威价值观都对农民工的政治参与有直接的负向影响，即权威价值观越强的农民工政治参与概率越低。另一方面，不公平感在省内流动和跨省流动的农民工权威价值观与政治参与之间均存在明显的遮掩作用。

三、不同流动距离农民工政治影响对政治参与的影响差异

图 9-9 与表 9-14 的数据结果显示：其一，对于省内流动的农民工来说，农

民工受政治影响越强烈，则政治参与的概率越大，感知到的不公平感越大；农民工的不公平感越强烈，他们政治参与的可能性越小。从中介效应检验结果来看，省内流动的农民工受政治影响通过不公平感对政治参与起部分微弱的遮掩作用。其二，对于跨省流动的农民工来说，政治影响同样对政治参与具有正向影响，而农民工受政治影响越强烈感受到的不公平感越大；不公平感知对农民工政治参与有明显的负向作用，即感知到的不公平感越大则政治参与的可能性越小；不公平感在政治影响对农民工政治参与的影响中不存在中介影响。

图 9-9　政治影响、不公平感对农民工政治参与影响机制的流动距离差异图

注：$^{***}P<0.001$，$^{**}P<0.01$，$^{*}P<0.05$，+p<0.1。此模型已包含性别、年龄、政治面貌、婚姻状况、受教育程度、职业、收入、城市、流动时间、流动城市数、流动距离、流入地控制变量。最大似然估计值（Log likelihood = -42179.741）、决定系数（CD=0.156）；近似均方根（RMSEA=0.000）低于0.05；CFI=1.000，TLI=1.000，模型拟合良好。

表 9-14　政治影响通过不公平感对政治参与影响的流动距离差异比较

变量	不公平感	政治参与		
		总效应	直接效应	中介效应
省内流动（n=1510）政治影响	0.074**	0.120***	0.125***	-0.005+
不公平感	/	-0.063*	-0.063*	/
跨省流动（n=901）				
政治影响	0.066+	0.106***	0.109***	-0.003
不公平感	/	-0.052*	-0.052*	/

显著性：***p<0.001，**p<0.01，*p<0.05，+p<0.1，ns p>0.1。

综上所述，发现省内流动和跨省流动的农民工政治影响对政治参与的影响机制存在差异。具体而言，对于省内流动的农民工来说，不公平感在政治影响与政治参与之间存在微弱的遮掩作用；而对于跨省流动的农民工来说，不公平感在政治影响与政治参与之间不存在中介效应。此外，无论省内流动还是跨省流动的农民工的政治影响均对政治参与有直接的正向影响，即受政治影响越强的农民工政治参与可能性越高。

第五节　政治文化对农民工政治参与影响机制的流动区域差异

基于前文对于省内流动的农民工和跨省流动的农民工政治文化对政治参与的影响机制进行分析之后。接下来，我们将以流动区域为视角即将流动区域划分为就近城镇化为主地区（长沙市）和异地城镇化为主地区（厦门市），分别探究农民工政治效能感、权威价值观和政治影响对政治参与具体影响机制的区别。

一、不同地域农民工的政治效能感对政治参与的影响差异

图 9-10 与表 9-15 的数据结果显示：其一，对于流动到就近城镇化为主的地区（长沙市）的农民工来说，农民工内部效能感越高，则政治参与的可能性越大；农民工的不公平感越强烈，他们政治参与的可能性越小。此外，其内部效能感不通过不公平感对政治参与起作用，不存在中介效应。其二，对于流动到异地城镇化为主地区（厦门市）的农民工来说，内部效能感同样对政治参与有着明显的正向影响，且对不公平感有负向作用；而不公平感对政治参与没有明显的影响，即不公平感在内部效能感对农民工政治参与的影响中不存在显著的中介机制。

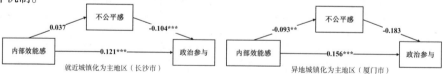

图 9-10　内部效能感、不公平感对农民工政治参与影响机制的流动地域差异图

注：*** $p<0.001$，** $p<0.01$，* $p<0.05$，+$p<0.1$。此模型已包含性别、年龄、政治面貌、婚姻状况、受教育程度、职业、收入、流动时间、流动城市数、流动距离、流入地控制变量。最大似然估计值（Log likelihood＝－42308.581）、决定系数（CD＝0.153）；近似均方根（RMSEA＝0.000）低于 0.05；CFI＝1.000，TLI＝1.000，模型拟合良好。

表 9-15　内部效能感通过不公平感对政治参与影响的流动地域差异比较

变量	不公平感	政治参与		
		总效应	直接效应	中介效应
就近城镇化为主地区 （长沙市 n=1223）				
内部效能感	0.037	0.117***	0.121***	-0.004
不公平感	/	-0.104***	-0.104***	/
异地城镇化为主地区 （厦门市 n=1192）				
内部效能感	-0.093**	0.154***	0.156***	-0.002
不公平感	/	-0.183	-0.183	/

显著性：*** p<0.001，** p<0.01，* p<0.05，+ p<0.1，ns p>0.1。

　　图 9-11 与表 9-16 的数据结果显示：其一，对于流动到就近城镇化为主地区（长沙市）的农民工来说，农民工外部效能感越高，则政治参与的概率越大，感知到的不公平感越小；农民工的不公平感越强烈，他们政治参与的可能性越小；并且，外部效能感会通过不公平感对政治参与起作用，存在明显的中介效应。其二，对于流动到异地城镇化为主地区（厦门市）的农民工来说，外部效能感对政治参与没有明显的影响，对不公平感有明显的负向作用；不公平感在外部效能感对农民工政治参与的影响中不存在显著的中介机制。

图 9-11　外部效能感、不公平感对农民工政治参与影响机制的流动地域差异图

注：*** p<0.001，** p<0.01，* p<0.05，+p<0.1。此模型已包含性别、年龄、政治面貌、婚姻状况、受教育程度、职业、收入、流动时间、流动城市数、流动距离、流入地控制变量。最大似然估计值（Log likelihood=-42338.054）、决定系数（CD=0.169）；近似均方根（RMSEA=0.000）低于 0.05；CFI=1.000，TLI=1.000，模型拟合良好。

表9-16 外部效能感通过不公平感对政治参与影响的流动地域差异比较

变量	不公平感	政治参与		
		总效应	直接效应	中介效应
就近城镇化为主地区（长沙市 n=1223）				
外部效能感	-0.133***	0.092**	0.080**	0.012**
不公平感	/	-0.048+	-0.048+	/
异地城镇化为主地区（厦门市 n=1192）				
外部效能感	-0.194***	0.043	0.046	-0.003
不公平感	/	0.013	0.013	/

显著性：*** $p<0.001$，** $p<0.01$，* $p<0.05$，+ $p<0.1$，ns $p>0.1$。

综上所述，流动到就近城镇化为主地区（长沙市）和异地城镇化为主地区（厦门市）的农民工政治效能感对政治参与的影响机制存在差异，其差异主要体现在外部效能感上。具体而言，对于流动到就近城镇化为主地区（长沙市）的农民工来说，外部效能感对政治参与不仅具有直接效应，而且还具有部分中介效应，即不公平感在外部效能感与政治参与之间存在明显的中介作用。而对于流动到异地城镇化为主地区（厦门市）的农民工来说，外部效能感对政治参与仅具有直接效应，不存在中介效应，即不公平感在外部效能感与政治参与之间不存在中介影响。此外，内部效能感对政治参与的影响机制在两类农民工群体中基本一致。

二、不同地域农民工的权威价值观对政治参与的影响差异

图9-12和表9-17的数据结果显示：其一，对于流动到就近城镇化为主地区（长沙市）的农民工来说，农民工的权威价值观越强烈，则政治参与的概率越小，感知到的不公平感越弱；农民工的不公平感越强烈，他们政治参与的可能性越小；并且权威价值观通过不公平感对政治参与起部分遮掩作用。其二，对于流动到异地城镇化为主地区（厦门市）的农民工来说，权威价值观同样对政治参与具有负向影响，权威价值观越强烈感受到的不公平感越弱；而不公平

感对农民工政治参与则没有明显的影响；不公平感在权威价值观对农民工政治
参与的影响中不存在中介效应。

图 9-12　权威价值观、不公平感对政治参与影响的流动地域差异图

注：*** p<0.001，** p<0.01，* p<0.05，+p<0.1。此模型已包含性别、年龄、政治
面貌、婚姻状况、受教育程度、职业、收入、流动时间、流动城市数、流动距离、
流入地控制变量。最大似然估计值（Log likelihood＝-42290.082）、决定系数（CD＝
0.166）；近似均方根（RMSEA＝0.000）低于 0.05；CFI＝1.000，TLI＝1.000，模型
接近完美拟合。

表 9-17　权威价值观通过不公平感对政治参与影响的流动地域差异比较

变量	不公平感	政治参与		
		总效应	直接效应	中介效应
就近城镇化为主地区 （长沙市 n＝1223）				
权威价值观	-0.133***	-0.052+	-0.066*	0.014**
不公平感	/	-0.107***	-0.107***	/
异地城镇化为主地区 （厦门市 n＝1192）				
权威价值观	-0.193***	-0.067*	-0.068*	0.001
不公平感	/	-0.009	-0.009	/

显著性：***p<0.001，** p<0.01，* p<0.05，+ p<0.1，ns p>0.1。

综上所述，流动到就近城镇化为主地区（长沙市）和异地城镇化为主地区
（厦门市）的农民工权威价值观对政治参与的影响机制存在差异。具体而言，流
动到就近城镇化为主地区（长沙市）的农民工的权威价值观不仅对政治参与有
显著的负向影响，且不公平感在权威价值观与政治参与之间存在明显遮掩作用；
而流动到异地城镇化为主地区（厦门市）的农民工的权威价值观对政治参与仅

存在直接的负向作用，而没有中介效应。

三、不同地域农民工的政治影响对政治参与的影响差异

图9-13与表9-18的数据结果显示：其一，对于流动到就近城镇化为主地区（长沙市）的农民工来说，农民工受政治影响越强烈，则政治参与的概率越大，感知到的不公平感越强；农民工的不公平感越强烈，他们政治参与的可能性越小；并且，农民工受政治影响通过不公平感对政治参与起部分遮掩作用。其二，对于流动到异地城镇化为主地区（厦门市）的农民工来说，政治影响同样对政治参与具有直接的正向影响，且农民工受政治影响越强烈，感受到的不公平感越强；不公平感在政治影响对政治参与的影响中不存在显著的中介效应。

图9-13　政治影响、不公平感对政治参与影响的流动地域差异图

注：***p<0.001，**p<0.01，*p<0.05，+p<0.1。此模型已包含性别、年龄、政治面貌、婚姻状况、受教育程度、职业、收入、流动时间、流动城市数、流动距离、流入地控制变量。最大似然估计值（Log likelihood=-42321.725）、决定系数（CD=0.159）；近似均方根（RMSEA=0.000）低于0.05；CFI=1.000，TLI=1.000，模型接近完美拟合。

表9-18　政治影响通过不公平感对政治参与影响的流动地域差异比较

变量	不公平感	政治参与		
		总效应	直接效应	中介效应
就近城镇化为主地区 （长沙市 n=1223）				
政治影响	0.078**	0.112***	0.120***	-0.008*
不公平感	/	-0.108***	-0.108***	/
异地城镇化为主地区 （厦门市 n=1192）				
政治影响	0.058*	0.108***	0.108***	-0.0001

变量	不公平感	政治参与		
		总效应	直接效应	中介效应
不公平感	/	−0.002	−0.002	/

显著性：*** p<0.001，** p<0.01，* p<0.05，+ p<0.1，ns p>0.1。

综上所述，流动到就近城镇化为主地区（长沙市）和异地城镇化为主地区（厦门市）的农民工的政治影响对政治参与的影响机制存在差异。具体而言，对于流动到就近城镇化为主地区（长沙市）的农民工来说，政治影响对政治参与不仅具有直接的正向效应，且政治影响通过不公平感对政治参与具有部分遮掩效应；而对于流动到异地城镇化为主地区（厦门市）的农民工来说，政治影响对政治参与仅具有直接效应，不存在中介效应。

第六节　政治文化对农民工政治参与影响机制的总结

从表9-19政治参与影响因素的数据验证结果来看，政治效能感、权威价值观和政治影响对农民工政治参与均有显著影响，不公平感在政治文化对政治参与影响中存在中介作用或遮掩作用，大多数假设基本得到验证。具体而言，政治文化对农民工政治参与的直接影响，以及通过不公平感对政治参与的间接影响的假设基本得到验证（假设9-1，假设9-2得到验证）。对处于不同市民化状态的农民工的比较结果来看，流动距离不同、流动地域不同均会导致政治文化对农民工政治参与的影响机制出现差异，假设9-3和假设9-4基本得到验证。

表9-18　政治文化对农民工政治参与影响的假设验证情况

需要验证的假设	是否通过
假设9-1：政治文化对农民工政治参与有显著的影响。	√
假设9-1.1：政治效能感越高，农民工政治参与的可能性越大。	√
假设9-1.1a：内部效能感越高，农民工政治参与的可能性越大。	√
假设9-1.1b：外部效能感越高，农民工政治参与的可能性越大。	√

需要验证的假设	是否通过
假设 9-1.2：权威价值观越弱，农民工政治参与的可能性越大。	√
假设 9-1.3：农民工感受到的政治影响越强农民工政治参与的可能性越大。	√
假设 9-2：政治文化通过不公平感对农民工政治参与起作用。	√
假设 9-2.1：政治效能感会通过不公平感对农民工政治参与起作用。	√
假设 9-2.1a：内部效能感会通过不公平感对农民工政治参与起作用。	×
假设 9-2.1b：外部效能感会通过不公平感对农民工政治参与起作用。	√
假设 9-2.2：权威价值观会通过不公平感对农民工政治参与起作用。	√
假设 9-2.3：政治影响会通过不公平感对农民工政治参与起作用。	√
假设 9-3：流动距离不同，农民工政治文化影响政治参与的机制不同。	√
假设 9-3.1：流动距离不同，政治效能感对政治参与的影响机制不同。	×
假设 9-3.1a：流动距离不同，内部效能感对政治参与的影响机制不同。	×
假设 9-3.1b：流动距离不同，外部效能感对政治参与的影响机制不同。	×
假设 9-3.2：流动距离不同，权威价值观对政治参与的影响机制不同。	√
假设 9-3.3：流动距离不同，政治影响对政治参与的影响机制不同。	√
假设 9-4：流动地域不同，农民工政治文化影响政治参与的机制不同。	√

需要验证的假设	是否通过
假设 9-4.1：流动地域不同，政治效能感对政治参与的影响机制不同。	√
假设 9-4.1a：流动地域不同，内部效能感对政治参与的影响机制不同。	×
假设 9-4.1b：流动地域不同，外部效能感对政治参与的影响机制不同。	√
假设 9-4.2：流动地域不同，权威价值观对政治参与的影响机制不同。	×
假设 9-4.3：流动地域不同，政治影响对政治参与的影响机制不同。	√

第七节　研究小结

已有研究发现，政治文化是影响农民工政治参与的关键要素之一。人口流动促使农民工政治文化从顺从文化向参与型文化转变，农民工政治行为能力、政治参与获取意愿逐渐增强。本章将利用本研究的调查数据，系统地分析政治文化对当前农民工群体在城市的政治参与的影响机制，并深入剖析不同市民化类型的农民工群体影响机制的差异。主要的研究发现和结论如下：

第一，农民工政治文化出现了明显的参与型文化的特征，传统顺从文化在减弱。其一，接近一半的农民工拥有较高的政治效能感，尤其是内部效能感。数据显示，农民工内部效能感水平为 2.409，换算为百分制为 60.225 分，而外部效能感的水平为 1.971，换算为百分制为 49.275 分。其二，农民工的权威价值观均值为 12.102，换算为百分制为 50.638 分，尚未达到 60 分及格线。这表明农民工权威价值观念开始弱化，这可能和农民工进城务工的经历有关，受到城市生产生活的影响，农民工的政治价值观开始向现代化转变（田北海、桑潇，2019）。其三，大多数农民工没有感受到政府对他们的生活、工作有很大的影响。数据结果显示，完全没有受到政治影响的农民工群体占比约 41.33%，认为有较少影响的农民工占比约 43.15%，而认为有较大影响的农民工占比最低，约 15.52%。

第二，处于不同市民化状态的农民工政治文化水平呈现出了明显差异。一方面，不同流动距离的农民工政治文化水平存在明显差异，其差异主要体现在权威价值观上。具体而言，跨省流动的农民工权威价值观明显高于省内流动的农民工。这可能是因为跨省流动的农民工多来自中、西部欠发达地区，受教育水平低，顺从文化仍然占主导（胡枫，王其文，2008）。另一方面，不同流动地域的农民工政治文化水平存在明显差异，其差异主要体现在外部效能感、权威价值观和政治影响上。流动到异地城镇化为主地区（厦门市）的农民工外部效能感、权威价值观、政治影响均高于流动到就近城镇化为主地区（长沙市）的农民工。这表明流动到异地城镇化为主地区（厦门市）的农民工的参与型政治文化和传统顺从文化的水平均高于流动到就近城镇化为主地区（长沙市）农民工。这可能因为，一方面，以异地城镇化为主地区的厦门市位处东部沿海城市，城市开放程度高于以就近城镇化为主地区的长沙市，厦门市受到国外政治文化的冲击更大，其政治文化中蕴含的参与型文化可能更高；另一方面，研究发现异地城镇化为主地区（厦门市）的农民工大多来自中、西部欠发达地区，受教育水平低，受传统政治文化影响也更深，故权威价值观也更强（胡枫，2008）。

第三，不同政治文化维度对农民工政治参与的影响机制不同，不公平感在政治文化对政治参与的影响中发挥部分间接作用。

其一，政治效能感对农民工政治参与具有显著的促进作用。一方面，政治效能感可以直接影响农民工的政治参与，即农民工政治效能感越高其政治参与的可能性越大。这与之前的研究结果相一致（李蓉蓉，2010），主要是因为政治效能感较高的公民，在政治参与中有着更积极的表现，进而政治参与的概率较大；相反政治效能感低下的公民则会表现出更多的政治冷漠（孙昕聪，2017）。另一方面，外部效能感还可以通过不公平感影响政治参与，即农民工外部效能感越强感知到的不公平感越弱，而不公平感越弱则政治参与可能性越大。结果验证了我们所提的假设，也证明了农民工对不公平的感知会阻碍其政治参与。

其二，权威价值观对农民工政治参与具有明显的抑制作用。一方面，权威价值观越强，农民工政治参与的可能性越小。这与已有的研究结论基本一致（韦林珍，钟海，2007）。另一方面，权威价值观越强农民工感知到的不公平感越弱，感知到的不公平感越弱政治参与的可能性越大，不公平感在权威价值观影响政治参与中起到部分遮掩作用。这可能是因为，权威价值观强的农民工拥有的是一种政治顺应的态度（韦林珍，2007），这种顺应态度会提升他们对政治权威的服从，削弱他们对不公平的感知，进而影响他们的政治参与。

其三，政治影响对农民工政治参与具有显著的促进作用。一方面，政治影响对政治参与有直接影响作用，即受政治影响越强的农民工政治参与的概率越大。这可能的原因是，当农民工感受到政府的行为对自己的生活、工作的影响越大的时候，他们越希望能通过影响政府来改善自己目前的生活、工作的状况，也就越可能参与到城市的政治生活中，他们政治参与的可能性也就越大。另一方面，政治影响还可以通过不公平感影响政治参与，即农民工感受到政治影响越强，他们感知的不公平感越强，而不公平感在政治影响与政治参与的关系中起到部分遮掩作用。这可能的原因是，由于农民工的制度身份与市民有别，在中国城市与农村有完全不同的制度安排，且缺乏相互衔接的机制，尽管 2009 年全国开始推行"流动人口基本服务均等化"，但事实上由于社会管理和公共服务供给制度仍是以户籍为基础的，城市政府缺乏为农民工提供与市民同等待遇和服务的动力。当农民工感受到政府的行为对自己的生活、工作有较大的影响的时候，他们可能更关注城市政府的相关政策制度，就越可能感受到自己遭遇了不公平的对待，他们的不公平感可能越强。这种不公平感又会让农民工越发感受到城市政府的排斥，进而产生政治冷漠心态，进而不愿意进行政治参与。

第四，处于不同市民化状态的农民工政治文化水平对政治参与的影响机制存在差异。一方面，在不同流动距离的农民工群体中，政治文化对政治参与的作用机制存在明显差异，其差异主要体现在政治影响上。除了两类农民工群体的政治影响均对政治参与有直接正向作用以外，省内流动农民工的不公平感在政治影响对政治参与的作用中存在明显遮掩作用，而跨省流动农民工群体不存在此机制。此外，省内流动和跨省流动农民工群体中政治效能感和权威价值观对政治参与的影响机制相近，即不论是省内流动还是跨省流动的农民工，政治效能感越高则农民工政治参与的概率越大，权威价值观越强的农民工政治参与概率越低，且不公平感在政治效能感与政治参与之间都不存在中介效应，而在权威价值观与政治参与之间均存在明显遮掩作用。另一方面，在不同流动地域的农民工群体中，政治文化对政治参与的作用机制存在明显差异，其差异主要存在于间接机制上。对于流动到就近城镇化为主地区（长沙市）的农民工来说，不论是外部效能感、权威价值观还是政治影响不仅对政治参与有直接效应，且均会通过不公平感对政治参与有间接作用；而对于流动到异地城镇化为主地区（厦门市）的农民工来说，外部效能感、权威价值观和政治影响对政治参与均仅具有直接效应，不存在中介效应。

第四篇 **04**

|市民化中农民工政治参与的政策研究|

本篇是在第二篇和第三篇的现状研究和影响机制研究的基础上,总结农民工市民化中政治参与所面临的主要问题和发现,剖析现行与农民工市民化中政治参与的相关政策,为促进农民工有序政治参与提出政策建议。本篇包括三章,第十章总结农民工在市民化进程中政治参与面临的问题与发现;第十一章回顾和讨论与农民工在市民化进程中政治参与相关政策;第十二章,根据实证发现与现行政策讨论提出政策建议。

第十章

市民化中农民工政治参与的问题与发现

本书的研究涉及了东部沿海和中西部内陆两个典型城市，纳入了城镇化发展类型、迁移距离等视角，深入分析农民工市民化中政治参与、社会经济地位、市民网络、政治文化、不公平感等问题，为促进农民工市民化中有序政治参与提供针对性的政策。本章通过对报告中发现的所有问题进行整合，得出主要问题与发现，为后续的针对性政策建议奠定基础。

一、农民工政治参与程度较低，总体情况有待提高

我国农民工的政治参与平均水平为 0.132，且近三分之一的农民工在城市没有参加过任何政治活动。其中，农民工的基本政治活动参与状况最好，选举参与和自组织参与则相对较差。政策知晓的农民工比例已超过半数，占比为52.05%，政治组织参与和监督行为的比例超过 10%，政治表达、政治活动参与、选举参与和自组织参与的比例则不到 10%，参与竞选的比例低于 1%。可以看出，现阶段农民工的选举活动参与和自组织参与还处于一个相对较低的水平。此外研究结果还发现，农民工政治参与存在"基本政治活动参与——选举活动参与——自组织参与"的逐步实现的关系，这三个维度存在着显著的正向关系：一方面，基本政治活动参与和选举活动参与、自组织参与均有显著的正向关系，即随着基本政治活动参与的水平提升，农民工的选举活动参与和自组织参与的概率均明显增加；另一方面，选举活动参与与自组织参与也存在显著正向关系，即有选举活动参与的农民工，自组织参与的概率明显更高。

二、社会经济地位低依然是限制农民工政治参与的主要原因之一

其一，教育年限对农民工政治参与具有显著的正向促进作用，即农民工受教育程度越高则农民工政治参与的概率越高。然而，我国农民工群体的教育水平普遍不高，即平均教育年限为 10.49 年。从具体完成的教育状况来看，仅有约 15.78% 的农民工完成了大专及以上的高等教育。这意味着绝大多数农民工接

受的最高教育水平是在中等及以下，提高农民工群体整体教育水平迫在眉睫。其二，随着农民工"自雇者——受雇普通劳动者——受雇管理者"职业类型的变化，农民工政治参与的可能性逐渐提升。然而数据结果显示，绝大多数的农民工仍然处于普通劳动者行列（约58.16%），其次为从事自雇就业者，约占22.24%，从事受雇管理者的农民工比例最低为19.6%。具体数据显示从事自雇就业的农民工大多为灵活就业者，其职业地位大多处于城市社会的底层。由此可见，农民工的职业阶层仍有较大的提升空间。其三，农民工月收入对他们政治参与没有直接影响，但是随着月收入的提高，农民工政治效能感会提升，政治参与的概率也会提高。虽然农民工平均月收入达到了4206.212元，但是收入最低的20%的农民工平均月收入仅为1940.644元，收入中间的60%的平均月收入为3693.284元，收入最高的20%平均月收入达到了9152.931元。由此可见，绝大多数的农民工尚未能达到4000以上的月收入，甚至底层的农民工月收入仍未达到2000元，整体农民工的收入状况并不理想。由此可以推测，虽然我国农民工群体的社会经济地位发生明显的分化，较高社会阶层的农民工已经出现，但是大多数农民工仍然处于较低的社会阶层，他们的受教育情况、职业地位以及月收入水平还有较大的提升空间，社会经济地位依然是限制他们政治参与的重要因素之一。

三、市民网络规模偏小是影响农民工政治参与的重要限制因素

其一，农民工总体社会网络中，市民占比越高，政治参与的可能性越大。但是农民工市民关系的平均规模仅为18.75人，市民关系占社会关系的比例为23.5%。说明农民工在城市交往的人群中平均仅有约23.5%的人是市民，农民工市民网络亟待进一步延伸。其二，强关系市民网络对农民工政治参与具有显著的正向影响。也就是说，农民工强关系市民比例越大，其政治参与的概率越高。但是从农民工强关系规模来看，强关系社会网络规模约32人，强关系中平均市民人数为5.72人，强市民关系占强社会关系的比例为15.3%，说明强关系市民人数占总体网络人数的15.3%，并且接近一半的农民工在城市不认识任何有市民身份的家人、亲戚或老乡。其三，弱关系市民网络能够显著促进政治参与。但农民工在城市弱关系的平均规模为36.37人，其中弱关系中平均市民人数为13.04人。农民工市民关系在弱关系中社会关系的比例为28.4%，也就意味着农民工在城市交往的弱关系中约28.4%的人是市民。整体来看，不论是农民工的强关系还是弱关系的市民比例都相对较低，这意味着农民工在城市的社交圈依然是以外来人口为主，在城市的社会融入状况依然不理想。

四、政治文化现代化能够有效提高农民工政治参与的可能性

其一，政治效能感对农民工政治参与具有显著的促进作用，即农民工政治效能感越高，其政治参与的可能性越大。数据显示，我国农民工内部效能感水平为 2.409，换算为百分制为 60.225 分，而外部效能感的水平为 1.971，换算为百分制为 49.275 分。接近一半的农民工拥有较高的内部效能感，但是外部效能感依然偏低。其二，权威价值观对农民工政治参与具有明显的抑制作用，即农民工权威价值观越强，其政治参与的可能性越低。数据显示，农民工的权威价值观均值为 12.102，换算为百分制为 50.638 分，尚未达到 60 分及格线，这意味着农民工的权威价值观念已经开始弱化，但依然有接近一半的农民工的权威价值观较强，因此有必要调整农民工群体的权威价值观，加速其政治价值观进一步向现代化转变；其三，政治影响对农民工政治参与具有显著的促进作用，认为受到政治影响越大的农民工越可能进行政治参与。但是数据结果显示，我国完全没有受到政治影响的农民工群体占比约 41.33%，认为有较少影响占比约 43.15%，而认为有较大影响的占比最低，约 15.52%。这表明大多数农民工的政治意识依然不高，对政府工作对他们生活、工作产生的影响尚未有很好的感知。

五、农民工的不公平感越强烈他们政治参与的可能性越低

一方面，不公平感对农民工的政治参与具有显著的负向作用，即不公平感越强，他们进行政治参与的可能性越小。另一方面，不公平感还会在市民网络与政治参与之间，政治文化与政治参与之间发挥显著的中介作用。具体而言，农民工社会网络中市民占比越高，其感受到的不公平感越强；而不公平感越强，农民工政治参与的概率越低。同样，不公平感在强关系市民网络、弱关系市民网络和政治参与之间发挥了显著的中介作用。即农民工强关系市民占比、弱关系市民占比越高，其不公平感越强，政治参与的可能性越低。从政治文化来看，农民工外部效能感、权威价值观越强，他们感知到的不公平感越弱，而不公平感越弱则政治参与的可能性越大。农民工感受到的政治影响越强，他们感知到的不公平感越强，不公平感越强，政治参与的概率越低。由此可见，不公平感对农民工的政治参与具有重要的影响。然而从调查数据来看，我国农民工不公平感均值为 2.026（最小值为 0，最大值为 4）。我国农民工感知到的不公平感仍处于较高水平，这种不公平的感知会在一定程度上阻碍其政治参与。

六、政治信息获取的匮乏限制了农民工政治参与

农民工政治信息获取在农民工市民网络与政治参与之间发挥中介作用。也就是说，农民工总体社会网络中，市民占比越高，其获取到的政治信息就越丰富，政治参与的可能性就越高。同样，政治信息获取在农民工强关系或弱关系市民网络和政治参与之间发挥了显著的中介作用，即农民工强关系或弱关系中市民占比越高，获得的政治信息就越丰富，越可能进行政治参与。但是从我国农民工政治信息获取的情况来看却依然不理想。数据结果显示，农民工获取政治信息均值为 0.34（最小值为 0，最大值为 1），说明仅 34% 的农民工能够获取到所需要的政治信息。这表明农民工获取所需政治信息十分有限，这也是影响农民工政治参与的关键之一。

七、省内流动和跨省流动农民工政治参与水平和影响机制存在明显差异

其一，省内流动农民工的总体政治参与状况比跨省流动农民工的实现水平更高，但是不同政治参与所呈现的差异不同。省内流动的农民工在包括政治表达、政治活动参与、政治组织参与、监督行为、参与投票及参与竞选在内的政治参与概率均显著高于跨省流动的农民工。这表明从整体上看，我国省内流动的农民工政治参与状况比省外流动农民工政治参与状况好。政府可能需要对跨省流动的农民工政治参与进行重点关注。

其二，与省内流动农民工相比，跨省流动的农民工社会经济地位对其政治参与的影响作用更强。数据结果显示，虽然省内流动的农民工教育年限对政治参与的直接影响更大，但是跨省流动的农民工教育年限通过内部效能感影响政治参与的中介影响更大。跨省流动的农民工的职业类型通过内部效能感影响政治参与的中介影响比省内流动者更大；跨省流动的农民工职业类型对外部效能感有显著负向影响，而省内农民工的职业类型对外部效能感没有影响。说明从整体上看，跨省流动的农民工社会经济地位对其政治参与的影响程度更深，政府要关注提高跨省流动者的社会经济地位。

其三，从总体市民网络和弱关系市民网络来看，省内流动的农民工的总体市民网络、弱关系市民网络对其政治参与均有显著的正向影响，即省内流动的农民工的总体市民占比、弱关系市民占比越高，农民工政治参与的概率越高。但是总体市民网络和弱关系市民网络对跨省流动者政治参与的影响微弱或不显著。此外，从强关系市民网络来看，政治信息获取在省内流动的农民工的强关系市民网络与政治参与之间发挥中介作用，但对省外流动的农民工的强关系市

民网络对政治参与的中介作用不存在。这说明市民网络对省内流动人口的政治参与影响更大。

其四，省内流动和跨省流动的农民工权威价值观对政治参与的影响机制存在差异。具体而言，对于省内流动的农民工来说，不公平感在权威价值观与政治参与之间存在明显的遮掩作用；而对于跨省流动的农民工来说，不公平感在权威价值观与政治参与之间不存在中介效应。说明权威价值观可能对省内农民工的不公平感知的作用更强，更容易通过不公平感来影响其政治参与。

八、流动到以就近城镇化为主地区（长沙市）的农民工和流动到以异地城镇化为主地区（厦门市）的农民工政治参与水平和影响机制存在明显差异

其一，流动到异地城镇化为主地区（厦门市）的农民工的总体政治参与状况比流动到就近城镇化为主地区（长沙市）的农民工的实现水平更高，但是不同指标的政治参与呈现的差异存在明显不同。流动到就近城镇化为主地区（长沙市）的农民工的政治表达、政治活动参与、政治组织参与、监督行为、选举活动参与以及参与自组织在内的其他政治参与的比例显著高于流动到异地城镇化为主地区（厦门市）的农民工。说明流动到就近城镇化为主地区（长沙市）的农民工在政治参与上则更占优。

其二，流动到异地城镇化为主地区（厦门市）的农民工的社会经济地位对其政治参与的影响程度较流动到就近城镇化为主地区（长沙市）的农民工更强。数据结果显示，流动到异地城镇化为主地区（厦门市）的农民工教育年限通过内部效能感影响政治参与的中介影响更大，并且他们职业类型中自雇者对政治参与有直接影响，也会通过内部效能感影响政治参与，而流动到就近城镇化为主地区（长沙市）的农民工的自雇者对外部效能感、政治参与均无明显作用。另外，流动到异地城镇化为主地区（厦门市）的农民工的月收入对政治参与有直接作用，也会通过内部效能感对政治参与起间接作用；而流动到就近城镇化为主地区（长沙市）的农民工的月收入对政治参与没有明显作用。这说明社会经济地位可能是限制流动到异地城镇化为主地区（厦门市）的农民工政治参与的重要因素之一。

其三，流动到就近城镇化为主地区（长沙市）的农民工和流动到异地城镇化为主地区（厦门市）的农民工的总体市民网络、强关系市民网络、弱关系市民网络对政治参与影响机制具有明显差异。主要体现为不公平感在就近城镇化为主地区（长沙市）的农民工的总体市民网络、强关系市民网络、弱关系市民网络与政治参与之间均发挥中介作用；但是对流动到异地城镇化为主地区（厦

门市）的农民工来说，不公平感在其总体市民网络、强关系市民网络、弱关系市民网络与政治参与之间均不发挥中介作用。此外，不管是流动到就近城镇化为主地区（长沙市）的农民工，还是流动到异地城镇化为主地区（厦门市）的农民工，政治信息获取均在总体市民网络、强关系市民网络、弱关系市民网络与政治参与之间发挥中介作用。这说明对于流动到就近城镇化为主地区（长沙市）的农民工来说，与市民交往更容易产生社会比较，而这种感知到的社会比较结果会直接影响他们的政治参与。

其四，流动到就近城镇化为主地区（长沙市）的农民工的政治文化对其政治参与的影响作用比流动到异地城镇化为主地区（厦门市）的农民工更强。数据结果显示，对于流动到就近城镇化为主地区（长沙市）的农民工来说，外部效能感对政治参与不仅具有直接效应，而且还具有部分中介效应。而对于流动到异地城镇化为主地区（厦门市）的农民工来说，外部效能感对政治参与不存在中介效应。流动到就近城镇化为主地区（长沙市）的农民工的权威价值观不仅对政治参与有显著的负向影响，且不公平感在权威价值观与政治参与之间存在明显遮掩作用；而流动到异地城镇化为主地区（厦门市）的农民工的权威价值观对政治参与仅存在直接的负向作用，而没有中介效应。另外，对于流动到就近城镇化为主地区（长沙市）的农民工来说，政治影响对政治参与不仅具有直接的正向效应，而且还具有部分遮掩效应；而对于流动到异地城镇化为主地区（厦门市）的农民工来说，政治影响对政治参与仅具有直接效应，不存在间接效应。说明政治文化对于流入到就近城镇化为主地区（长沙市）的农民工的影响程度更深。

第十一章

市民化中农民工政治参与相关政策

第一节　新型城镇化与农民工市民化政策

我国已经进入中期城镇化阶段，加快城镇化进程已经成为未来几十年中国最大的发展潜能。新型城镇化的核心是人的城镇化，是农民工的市民化。因此，在剖析市民化政策时，必须纳入我国城镇化的相关政策，将城镇化政策与市民化政策融合在一起进行梳理。

一、政策沿革回顾

党的十八大报告提出"科学规划城市群规模和布局，增强中小城市和小城镇产业发展、公共服务、吸纳就业、人口集聚功能。加快改革户籍制度，有序推进农业转移人口市民化，努力实现城镇基本公共服务常住人口全覆盖"。2013年11月，十八届三中全会通过的《中共中央关于全面深化改革若干重大问题的决定》进一步提出"推进农业转移人口市民化，逐步把符合条件的农业转移人口转为城镇居民"。2013年12月12日至13日，中央城镇化工作会议召开改革开放以来首个城镇化会议，提出"推进城镇化的六大主要任务，提出的首要任务就是推进农业转移人口市民化"。会议指出，"城镇化主要任务是解决已经转移到城镇就业的农业转移人口落户问题，努力提高农民工融入城镇的素质和能力"。自此，农民工市民化问题成为政府工作的重中之重。

2014年3月中共中央、国务院关于印发《国家新型城镇化规划（2014—2020年）》提出"有序推进农业转移人口市民化"规划，即要"建立健全农业转移人口市民化推进机制，要强化各级政府责任，合理分担公共成本，充分调动社会力量，构建政府主导、多方参与、成本共担、协同推进的农业转移人口市民化机制"。"到 2020 年，全国常住城镇化率达到 60% 左右，户籍人口城镇化率达到 45% 左右，户籍人口城镇化率与常住人口城镇化率差距缩小 2 个百分点左右，努力实现 1 亿左右农业转移人口和其他常住人口在城镇落户。"该政策的出台明确了以户籍制度为引领的，全面推进农民工市民化的发展战略与具体路径，为下一阶段新型城镇化、农民工市民化工作的开展奠定了基本纲领性文件。

2014 年 9 月国务院印发《关于进一步做好为农民工服务工作的意见》（国发〔2014〕40 号）中指出："要按照自愿、分类、有序的要求，重点促进长期在城镇居住、有相对稳定工作的农民工有序融入城镇，循序渐进地推进农民工市民化"。2016 年 2 月，国务院颁布了《关于深入推进新型城镇化建设的若干意见》（国发〔2016〕8 号）提出"要加快落实户籍制度改革政策，全面实行居住证制度，推进城镇基本公共服务常住人口全覆盖，加快建立农业转移人口市民化激励机制，通过这四个方面积极推进农业转移人口市民化，切实维护进程落户农民在农村的合法权益"。2016 年 7 月，《关于实施支持农业转移人口市民化若干财政政策的通知》提出"建立农业转移人口市民化奖励机制"，要求对农业转移人口子女受教育权利平等、社会保障、就业等方面进行保障，并对落户农民土地承包权、宅基地使用权、集体收益分配权加以维护，加强对农业转移人口市民化的支持力度。2018 年 3 月，国家发展改革委在《关于实施 2018 年推进新型城镇化建设重点任务的通知》中再次强调要"加快农民工市民化，实现再进城落户 1300 万人的目标"。2019 年 3 月，国家发展改革委发布《2019 年新型城镇化建设重点任务》中，政府进一步明确了放宽城市落户的相关规定，要求"全面取消重点群体落户限制，通过完善积分落户政策、并轨户籍地项目，大幅增加落户规模"，推进常住人口基本公共服务全覆盖，深化"人地钱挂钩"等配套政策，深化落实支持农业转移人口有市民化的财政政策。同年 9 月，财政部下达农民工市民化奖励资金 300 亿元，支持农民工市民化，推进新型城镇化。2020 年《中共中央关于制定国民经济和社会发展第十四个五年规划二〇三五年远景目标的建议》提出"强化基本公共服务保障，加快农业转移人口市民化"，继续推进以人为核心的新型城镇化。2021 年 4 月，国家发展改革委关于印发《2021 年新型城镇化和城乡融合发展重点任务》的通知，提出"促进农业转移人口有序有效融入城市，协同推进户籍制度改革和城镇基本公共服务常住人口全覆盖，提高农业转移人口市民化质量。有序放开放宽城市落户限制。城区常住人口 300 万以下城市落实全面取消落户限制政策，实行积分落户政策的城市确保社保缴纳年限和居住年限分数占主要比例"。由此可见，自 2014 年《国家新型城镇化规划（2014—2020 年）》出台以后，政府对当前中国城镇化、农民工市民化推进的现状进行评估，以户籍制度和居住证制度为抓手，以全面推进城镇基本公共服务常住人口全覆盖为重点，以建立农业转移人口市民化激励机制为保障，深化落实农民工市民化政策。

二、讨论

依据党的十八大、十九大、二十大以及中央经济工作会议、中央城镇化工作会议、"十四五"规划的精神，围绕让农民进入城市、安居乐业为目标，以人的城镇化为核心，以供给侧结构性改革为动力，以城市群建设为重点，全面推进新型城镇化发展、实现农民工市民化。党的十八大以来，各地区各有关部门主动作为，积极行动，在健全基本公共服务体系、打通进城落户制度通道、促进农业转移人口市民化等方面取得了积极成效，但还存在着各地城镇化政策实施不均衡，农民工在城市的经济生活、政治生活等方面仍然难以实现平等对待。研究结果也表明，省内流动的、流动到异地城镇化为主地区（厦门市）的、已落户的农民工的总体政治参与水平均显著高于跨省流动的、流动到就近城镇化为主地区（长沙市）的、未落户的农民工。由此可见，处于不同市民化状态的农民工政治参与水平具有明显的差异。基于以上政策分析和研究结果，有关政策改革的重点应该是：

第一，充分正视全国各地区在经济、制度及人口等方面的差异，根据各地区、城市的实际与特点，科学推进农民工市民化。一方面，继续发挥东部沿海城市的经济与制度优势，东部沿海发达地区应充分发挥大中城市的经济效应，提高公共服务提供水平，提升重点人群的市民化质量。另一方面，继续调整中西部内陆城市的市民化策略，中西部地区，应立足本地优势资源，发展有利于本地的产业，创造更多的就业岗位，提升农民工的经济生活水平，加快推进城镇化进程，全面提高农民工的市民化水平。

第二，关注处于不同市民化状态的农民工群体特征，有重点、分步骤地落实农民工市民化工作，保障农民工在城市进行有序政治参与。一方面，关注全体农民工群体的政治参与；依托现有的工会组织，建立完善流出地和流入地统一、协调、联动的农民工服务组织，表达农民工群体的利益诉求。另一方面，重点关注未落户农民工的基本政治活动参与、选举活动参与和自组织活动参与。持续深入推进户籍制度改革，全面落实居住证制度。根据各地区具体情况，制订完成农民工在城镇落户的实施方案，剥离户籍上附着的政治参与限制，未落户的农民工应以居住证为载体，逐步保障居住证持有人在居住地享有选举权与被选举权、政治活动参与权以及政治监督权，同时享有义务教育、就业、住房以及国家规定的其他基本公共服务。

第二节 户籍政策

新型城镇化、农民工市民化的一系列政策出台明确了户籍制度改革是我国推动农民工市民化和新型城镇化的核心所在。加快户籍制度改革，通过调整完善户口迁移政策，促进有能力在城镇稳定就业和生活的常住人口有序实现市民化，解决已经转移到城镇就业的农民工落户问题，是推进新型城镇化的一项重大任务，是实现农民工市民化的一项重大举措。

一、政策沿革回顾

2012 年 2 月 23 日，国务院办公厅发布《关于积极稳妥推进户籍管理制度改革的通知》提出，要"按照国家有关户籍管理制度改革的决策部署，继续坚定地推进户籍管理制度改革，落实放宽中小城市和小城镇落户条件的政策。同时，遵循城镇化发展规律，统筹推进工业化和农业现代化、城镇化和社会主义新农村建设、大中小城市和小城镇协调发展，引导非农产业和农村人口有序向中小城市和建制镇转移，逐步满足符合条件的农村人口落户需求，逐步实现城乡基本公共服务均等化"。

2014 年 7 月 24 日，国务院印发《关于进一步推进户籍制度改革的意见》（国发〔2014〕25 号），进一步调整户口迁移政策，提出"全面放开建制和小城市落户限制，有序放开中等城市落户限制，合理确定大城市落户条件，严格控制特大城市人口规模"。此外，《意见》在创新人口管理方面提出了三项举措："一是建立城乡统一的户口登记制度。二是建立居住证制度。三是健全人口信息管理制度"。这是我国新一轮户籍制度改革开启的标志。

2016 年 10 月，国务院办公厅进一步推出《推动 1 亿非户籍人口在城市落户方案》（国办发〔2016〕72 号）配合当年的政府工作报告中所提出的三个 1 亿人目标，《方案》要求到 2020 年，全国户籍人口城镇化率与常住人口城镇化率差距比 2013 年缩小两个百分点以上。《方案》进一步拓宽落户通道，提出"全面放开放宽重点群体落户限制，调整完善超大城市和特大城市落实政策，调整完善大中城市落户政策"。并加大财政支持力度、建立财政性建设资金和城镇建设用地、完善基础设施项目融资等与吸纳农业转移人口落户数量挂钩。该文件针对农民工这"1 亿非户籍人口"的关键群体，从拓宽落户通道、建立配套政策、加强监督检查三个角度，给出了具体可操作性的实施路径，并明确了相关政策主体的责任和任务。

2019年4月，国家发展改革委印发的《2019年新型城镇化建设重点任务》，明确提出"积极推动已在城镇就业的农业转移人口落户。继续加大户籍制度改革力度，在此前城区常住人口100万以下的中小城市和小城镇已陆续取消落户限制的基础上，城区常住人口100万—300万的Ⅱ型大城市要全面取消落户限制；城区常住人口300万—500万的Ⅰ型大城市要全面放开放宽落户条件，并全面取消重点群体落户限制。""突出抓好在城镇就业的农业转移人口落户工作，推动1亿非户籍人口在城市落户目标取得决定性进展。""实现常住人口和户籍人口城镇化率均提高1个百分点以上。"同年12月中办国办联合印发《关于促进劳动力和人才社会流动体制机制改革的意见》，强调要以户籍制度和公共服务牵引区域流动，明确提出要"全面取消城区常住人口300万以下城市的落户限制，全面放宽城区常住人口300万至500万的大城市落户限制。完善城区常住人口500万以上的超大特大城市积分落户限制"。进一步加强了不同人口规模城市放开放宽落户条件的政策导向。

2021年4月，国家发展改革委关于印发《2021年新型城镇化和城乡融合发展重点任务》进一步明确指出"协同推进户籍制度改革和城镇基本公共服务常住人口全覆盖，提高农业转移人口市民化质量。""有序放开放宽城市落户限制。各类城市要根据资源环境承载能力和经济社会发展实际需求，合理确定落户条件，坚持存量优先原则，推动进城就业生活5年以上和举家迁徙的农业转移人口、在城镇稳定就业生活的新生代农民工、农村学生升学和参军进城的人口等重点人群便捷落户。"

二、讨论

整体来看，自2012年国务院发布《关于积极稳妥推进户籍管理制度改革的通知》以来，我国关于农民工户籍制度的改革稳步开展。特别是在党的十八大、十八届三中全会、十九大精神的指导下，我国为适应新型城镇化建设，有序推动实现以人为核心的城镇化，关注农民工等弱势群体在城市的合法权益，明确不同人口规模城市农民工落户要求，放宽农民工在城市的落户限制，提高农民工市民化质量，进一步推进户籍制度改革，使农民工享受到与城市市民平等的政治参与权利与公共服务。

然而，我国城乡二元户籍制度仍需进一步完善，农民工在城市的落户限制与政治参与之间的矛盾亟待解决，与户籍制度相挂钩的选举权、被选举权、自组织权等政治参与权利仍需进一步优化。根据本书的研究报告可知，已落户农民工的总体政治参与水平比未落户农民工的政治参与水平更高。具体而言，二者最大差异出现在选举活动参与上，已落户农民工比未落户农民工高出近 10 倍。这与我国选举制度密切相关，我国的法律原则上要求选民在户籍所在地参加选举，如果要在非户籍所在地参加选举的需要办理相应的选民登记手续并付出一定的费用。复杂的手续和高昂的费用成为制约农民工参与城市选举的重要原因。此外，已落户农民工在政治组织参与、政治活动参与和监督行为上高于未落户农民工，而政治表达、参与竞选和自组织的实现状况两类农民工相似。这也从侧面反映出，在城市已落户的农民工和未落户的农民工政治参与水平确实有差异，已落户农民工政治参与水平更高。因此，基于以上政策分析和调查结果，有关政策改革的重点应包括：

第一，全面实行居住证制度，保障农民工享受平等公共服务。为保障公民合法权益，促进社会公平正义，2010 年《关于 2010 年深化经济体制改革重点工作》首次在国务院文件中提出在全国范围内实行居住证制度。然而，实行居住证制度只是我国户籍制度改革的过渡阶段，实行城乡户籍制度改革才是根本之策。当前我国居住证制度已实行十年有余，但是部分农民工合法权益仍未受到保障，农民工在城市享受公共服务、进行政治参与的情况依旧有待改善。因此，要想保障农民工在城市的合法权益，全面实行居住证制度，保障农民工享受平等的公共服务只是解决农民工在城市遇到各种问题的暂缓之计。更重要的是在全面实行居住证制度的基础上，持续深入推动户籍制度改革，消除农民工和城市市民身份上的不平等。

第二，持续深入推动户籍制度改革，放宽不同常住人口规模城市农民工的落户限制。总体来看，我国有序推动实现以人为核心的城镇化，更加关注农民工在城市的合法权益，逐步放宽农民工在城市的落户限制，促使农民工在城市享受健全的公共服务。比较而言，我国当今的户籍制度改革已经取得了发展，但是户籍制度改革仍不够深入，还有很大一部分农民工群体在城市未能实现落户，陷入"身在城市，户在农村"的尴尬境地。所以，我国要继续深化户籍制度改革，打破城乡二元户籍制度的限制，根据不同常住人口规模城市的资源环境承载能力和公共服务能力，进一步放宽有条件的城市对农民工落户的限制。尤其是要加强对大中城市地区农民工落户的有序引导，完善农民工落户制度，规范农民工落户程序。

第三节　政治参与政策

一、政策沿革回顾

2009 年 4 月 13 日发布《国家人权行动计划（2009—2010 年）》，对公民权利和政治权利作出了中国式的表述，强调要"积极推行政务公开，完善相关法律法规，切实保障公民的知情权"；"从各个层次、各个领域扩大公民有序政治参与，保障公民的参与权"；"采取有力措施，发展新闻、出版事业，畅通各种渠道，保障公民的表达权利"；"健全法律法规，探索科学有效的形式，完善制约和监督机制，保障人民的民主监督权利"。该文件确立了相对完整的以政治参与、政治表达、政治监督为内涵的政治参与权利体系。

十八大以来，我国要求更加全面地保障公民的基本政治活动参与权利，发展社会主义民主政治。党的十八大报告中提出"要更加注重健全民主制度、丰富民主形式，保证人民依法实行民主选举、民主决策、民主管理、民主监督；更加注重发挥法治在国家治理和社会管理中的重要作用，维护国家法制统一、尊严、权威，保证人民依法享有广泛权利和自由。"农民工作为我国公民群体中的重要组成部分，应享受与其他公民群体平等的基本政治活动参与权利。2013年，民政部关于《加强全国社区管理和服务创新实验区工作的意见》提到"增强社区自治功能，稳步提高社区居委会直接选举比例，构建农村进城务工人员融入社区、参与社区管理机制。发展院落（楼宇、门栋）自治、业主自治、社团自治等民主形式，拓宽社区媒体、互联网络、移动设备等参与渠道。加强议事协商，推进基层协商民主实践，健全民情恳谈、社区听证、社区论坛、社区评议等对话机制，建立党代表、人大代表、政协委员联系社区制度。强化权力监督，推进社区党风廉政建设，进一步完善社区党务、居务、财务、服务等信息公开制度，健全社区信息公开目录。"2014 年 9 月 12 日，《国务院关于进一步做好为农民工服务工作的意见》中规定要积极推进农民工社会融合，"保障农民工依法享有民主政治权利。重视从农民工中发展党员，加强农民工中的党组织建设，健全城乡一体、输入地党组织为主、输出地党组织配合的农民工党员教育管理服务工作制度。积极推荐优秀农民工作为各级党代会、人大、政协的代表、委员，在评选劳动模范、先进工作者和报考公务员等方面与城镇职工同等对待。创造新办法、开辟新渠道，支持农民工在职工代表大会和社区居民委员会、村民委员会等组织中依法行使民主选举、民主决策、民主管理、民主监督的权利。"党的十九大报告中也强调"要扩大人民有序政治参与，保证人民依法实行民主选举、民主协商、民主决策、民主管理、民主监督；维护国家法制统一、尊严、权威，加强人权法治保障，保证人民依法享有广泛权利和自由。巩固基层政权，完善基层民主制度，保障人民知情权、参与权、表达权、监督权。"党的二十大报告中也强调"要健全人民当家作主制度体系，扩大人民有序政治参与，保证人民依法实行民主选举、民主协商、民主决策、民主管理、民主监督，发挥人民群众积极性、主动性、创造性，巩固和发展生动活泼、安定团结的政治局面。"

二、讨论

我国已经建立起具有中国特色社会主义的政治参与体系，其建立经过了一个漫长的演变和完善过程。农民工作为我国公民的重要组成部分，在城市建设和经济发展的过程中做出了突出贡献，其应与其他公民群体一样，进行平等有序的政治参与。但是由于制度环境、社会经济地位、教育程度等因素的影响，作为我国最大的弱势群体，农民工在城市的政治参与尚未得到良好保障。但随着我国政治体制的完善和农民工自身参与意识的提升，国家颁布了多项相关政策为农民工有序政治参与提供了支持。

虽然现阶段保障我国公民政治参与的政策规定已相对完善，农民工进行政治参与有了政策支持，但是总体参与程度仍较低。据本次实证调查数据显示，高达47.95%的农民工未在城市实现政策知晓，仅有5.77%的农民工进行了政治表达，5.88%的农民工参与了当地的政治活动，16.29%的农民工参与了城市政治组织，12.02%的农民工进行了监督行为。再通过比较异地城镇化为主地区（厦门市）和就地城镇化为主地区（长沙市）、省内流动和跨省流动、已落户农民工和未落户农民工的基本政治活动参与状况，发现由于流动地域、流动距离和户籍等原因，各项具体政治参与之间存在一定的差异，但总体实现状况差距不大。基于以上分析，有关政策改革的重点应在：

第一，完善农民工就业创业、住房、子女教育、医疗保障等政策，使农民工政治参与政策与其他政策形成完整配套的政策保障体系。由于农民工的社会保障制度尚未健全，现实经济条件的限制使得农民工无力参与政治生活，在政治参与方面与城市市民存在较大差异。因此政府要尤其重视农民工的基本生存需要，尽最大可能为农民工进行政治参与提供政策支持、创造良好的物质条件。一方面，政府要设立专门机构、配备专项资金，加大对农民工的就业技能培训，完善包括医保、养老在内的社会保险制度，制定农民工购房优惠政策，满足农民工基本生存需要。另一方面，加强现有政治参与相关政策与市民化政策的配合，形成配套体系效应，从而更好地促进农民工在市民化进程中有序进行政治参与。

第二，在现行政治参与政策的基础上，进一步细化农民工有序政治参与的可操作性规定。首先，加快城乡户籍制度改革步伐，拓宽农民工制度化政治参与渠道，给予农民工政治参与的正式身份和正式途径。其次，加强法律法规制度保障，体制内外都要强化法律规定，尤其是体制外的网络监督领域，使农民工合法合理全面进行政治监督。最后，虽然现行政策明确了要保障农民工政治参与，但对于如何落实却依旧缺乏具体规定，所以要进一步明确政府、社区、企业、农民工等多方主体的责任，让各主体知道做什么、如何做，从而保障农民工平等有序进行政治参与。

第三，根据各地实际情况的前提下，统一各地政府有关农民工政治参与的规定，减少地方性的制度壁垒。各省份、各城市之间的现实状况不同，各地政府为自身城市发展会利用制度限制农民工政治参与，使得农民工群体难享受与城市居民进行平等的政治参与权利。因此，需要中央政府加强宏观政策统筹，允许地方政府根据当地实际状况在具体实施中有一定的调整空间。同时，要加强对政策实施过程的监督，尽可能从体制内外等多角度监督，防止政策执行出现偏差。

第四节　选举政策

选举是政治参与中最为核心的一个维度，也是农民工政治参与研究中最为关注的一个方面。《2019 年农民工监测调查报告》显示，我国农民工总量于2019 年已接近 3 亿人，但无论从全国范围内抑或是各省市人大代表组成来看，农民工人大代表所占的比重较低。研究发现，当前我国农民工的选举权利和被选举权基本处于闲置状态（朱小龙，2015）。政策制度是影响我国农民工选举活动参与的关键要素之一。

一、政策沿革回顾

根据《中华人民共和国宪法》（2018 年修正）三十四条规定"中华人民共和国年满十八周岁的公民，不分民族、种族、性别、职业、家庭出身、宗教信仰、教育程度、财产状况、居住期限，都有选举权和被选举权"。《中华人民共和国全国人民代表大会和地方各级人民代表大会选举法（2020 修正）》第四条规定："中华人民共和国年满十八周岁的公民，不分民族、种族、性别、职业、家庭出身、宗教信仰、教育程度、财产状况和居住期限，都有选举权和被选举权"。第七条规定"全国人民代表大会和地方各级人民代表大会的代表应当具有广泛的代表性，应当有适当数量的基层代表，特别是工人、农民和知识分子代表"。《中华人民共和国选举法》还规定"选民登记按选区进行，选区可以按居住状况划分，也可以按生产单位、事业单位、工作单位划分"。此外，从各地方选举法的细则来看，农民工在城市是具备选举权的。如《湖南省县级以下人民代表大会代表直接选举细则》中"第二十五条（四）经劳动部门批准的合同工、临时工，经工商行政管理部门发给营业执照的进城经商的农民，经公安部门登记的暂住人员，可以在居住地的选区登记。"《中华人民共和国城市居民委员会组织法（2018 修正）》第八条规定"年满十八周岁的本居住地区居民，不分民族、种族、性别、职业、家庭出身、宗教信仰、教育程度、财产状况、居住期限，都有选举权和被选举权"。由此可知，只要生活在城市，没有被剥夺政治权利的公民就应拥有当地的选举权与被选举权。

2011 年，民政部出台《关于促进农民工融入城市社区的意见》也提出"切实保障农民工参与社区自治的权利，进一步完善社区民主选举制度，探索农民工参与社区选举的新途径，在本社区有合法固定住所、居住满一年以上、符合《中华人民共和国城市居民委员会组织法》选民资格条件的农民工，由本人提出申请，经社区选举委员会同意，可以参加本社区居民委员会的选举"。2014 年 9 月 12 日，《国务院关于进一步做好为农民工服务工作的意见》中规定"积极推荐优秀农民工作为各级党代会、人大、政协的代表、委员，在评选劳动模范、先进工作者和报考公务员等方面与城镇职工同等对待。创造新办法、开辟新渠道，支持农民工在职工代表大会和社区居民委员会、村民委员会等组织中依法行使民主选举、民主决策、民主管理、民主监督的权利。"这些都表明了农民工在城市具备选举和被选举的权利，并且他们的选举参与已经得到了国家政策的重大关切。

二、讨论

虽然我国农民工在城市具备选举和被选举权利，但是这个权利的实现一方面需要农民工具备一定的经济实力，如在城市购买固定的居所，返回户籍所在地开取证明时的费用，等等；另一方面需要农民工具备一定的政治行为能力和政治参与意愿。这些限制条件最终造成绝大多数农民工难以进行选举活动参与。本书的调查结果显示，农民工在城市的总体选举活动参与状况不理想，其中能够在城市参与投票的农民工比例为 7.65%，参与竞选的仅为 0.99%；社会经济地位低下，市民网络相对匮乏成为限制农民工选举活动参与的关键因素。由此可知，即使在政策上有了规定，但是由于政策的可操作性较差，农民工的实际选举活动参与情况仍然不理想。基于以上政策分析和调查结果，有关政策改革的重点应该包括：

第一，简化农民工在城市参与选举的程序，减免农民工参与选举的经济成本，鼓励农民工参与城市选举。提升农民工参与选举活动的效率，政府可以借助互联网进行全国性的选民信息登记，实行户籍地和工作地双重筛选机制，选民只需凭借身份证录入信息系统，农民工可依自身实际情况选择地区参与选举，每个选民只能在一个地方登记，有效防止误登、重复投票的情形。针对农民工选举设立专项补贴，予以其财政保障，合理补偿农民工参与选举的所付出的经济成本。激发农民工参与选举活动的积极性，制度设计上减轻农民工参与选举的程序障碍，确保选举过程的公开透明，并在人大代表候选人名单中适当提升农民工代表的比例。

第二，鼓励农民工参加继续教育，实施更加积极、公平的就业政策和教育政策，努力解决社会经济地位对农民工选举活动的禁锢。其一，当前农民工整体受教育程度较低，政治效能感不强，这制约了其参与选举活动的积极性。所以政府要加强对农民工的教育支持。职业教育要以就业为导向，结合城市的发展需要设置课程，以促进农民工更好地融入城市生活，参与选举活动。文化教育要以普及法律知识、提升参政素养为重点，使农民工转变自身认知，认识行使选举权利的重要性。其二，经济基础决定上层建筑，经济条件的制约使农民工难有底气参与选举活动。所以国家要施以更为积极、公平的就业政策，通过建立城乡统一的劳动力市场，改革现有企业用人制度，保证农民工参与公平的就业竞争，获取更为可观的经济收入。同时，健全农民工社会保险制度，切实保护好其基本生存权利，提升农民工参与选举活动的信心和实力。

第三，发挥社区、志愿组织等基层组织力量，促进农民工与市民的社会融合，扩大农民工的市民网络，破除市民网络匮乏导致农民工无法进行选举活动参与的困境。研究显示，农民工总体社会网络中市民占比越高，农民工政治参与的可能性越高，但是现阶段农民工在城市的社交圈仍以外来人口为主。市民网络匮乏制约了农民工选举活动参与，因此需要推动农民工走出现有同质交际圈，扩大社会交往范围。社区和志愿组织等基层组织可以开展丰富活动，如日常生活中可开展卫生绿化活动、养老志愿服务，尽可能为农民工与市民的社会交往提供机会，促进农民工在城市社会的融入。尤其在涉及与农民工有关的利益决策活动或选举活动时，积极倾听他们的意见和建议，保证农民工真正参与其中。将农民工纳入社区等基层组织的活动中会提升农民工对于所住地区的认同感，有利于提升其参与选举的积极性。

第五节　自组织政策

一、政策沿革回顾

《中华人民共和国宪法》的三十五条规定"中华人民共和国公民有结社的自由，即所有民众都有自主参加和建立组织的权利"。这在法律上为农民工自组织权利提供了基础。我国还出台了《社会团体登记管理条例》对自组织设立的条件、要求进行了进一步规范。

2006年1月，国务院印发《关于解决农民工问题的若干意见》中提出强化工会维护农民工权益的作用。"用人单位要依法保障农民工参加工会的权利"。并要"充分发挥工会劳动保护监督检查的作用，完善群众性劳动保护监督检查制度，加强对安全生产的群众监督。同时，充分发挥共青团、妇联组织在农民工维权工作中的作用"。2007年3月中华全国总工会发布了《关于维护农民工合法权益十项工作机制建设的意见》提出"当前和今后的一个时期，要着力推进建立健全十项工作机制，实现对农民工的主动维权、依法维权、科学维权，为推进和谐社会建设作出更大贡献"。

2010年，《国务院关于转移农村劳动力，保障农民工权益工作情况的报告》提出"努力保障农民工依法享有民主政治权利，活跃精神文化生活"。"工会系统大力吸收农民工会员……民政部门积极推动农民工参加社区居委会换届选举工作，一批农民工担任了社区居委会干部。"同年12月，《关于中央企业做好农民工工作的指导意见》的通知，提出要高度重视农民工的党团建设和政治思想工作，"要将农民工队伍的党建、团建和政治思想工作作为加强组织建设的一项重要任务来抓。充分发挥国有企业政治优势，及时宣传党和政府的方针、政策，结合农民工的实际情况，积极开展价值观、人生观和世界观教育，培养、吸收优秀农民工入党、入团，发挥企业党团工作对农民工的激励作用"。2011年《共青团中央办公厅、教育部办公厅、科技部办公厅等关于在非公有制经济组织和社会组织中进一步加强团组织建设的通知》提出要"应组织吸纳单位所聘用的青年农民工、劳务工参加本单位团组织的工作和活动。"

2014 年 9 月，国务院下发《关于进一步做好为农民工服务工作的意见》（国发〔2014〕40 号）提出要"积极创新工会组织形式和农民工入会方式，将农民工组织到工会中来。以输入地组织为主、输出地团组织配合，逐步建立农民工团员服务和管理工作制度，积极从新生代农民工中发展团员"。2016 年 1 月，国家发展和改革委员会印发《加强农民工尘肺病防治工作的意见的通知》为了保障劳动者健康权益提出"各级工会组织要加强基层组织建设，努力把农民工组织到工会中"。

二、讨论

组织是联系政府和群众的桥梁与枢纽，也是群众表达需求、维护正当利益的重要形式。近年来组织在促进经济发展、参与公共管理、维护农民工权益等方面扮演着愈发重要的角色，成为建设和谐社会的生力军。本书的研究结果显示，农民工自组织参与状况相对较差，具体而言，参与自组织的比例仅为7.63%。在市民化类型比较中发现，只有地域差异会显著影响农民工的自组织参与状况，即流动到就近城镇化为主地区（长沙市）的农民工参与自组织的概率明显高于流动到异地城镇化为主地区（厦门市）的农民工，且户籍身份的改变也未能扭转农民工组织参与率低的状况。基于以上政策分析和调查结果可知，尽管已有极少部分的农民工加入了城市的政治组织，但政治组织参与率极低，究其原因在于政治组织相关方面的制度不够成熟，对农民工的开放程度不高等。同时，我国社会组织存在不规范、形式较为零散、不便于管理、经费少等问题，农民工的社会组织参与率也较低。因此，未来有关政策改革的重点应该包括：

第一，完善社会团体组织的管理制度，引导农民工积极参与政治组织。积极探索社会组织管理制度的创新，建立合理的登记管理方法，降低自组织进入门槛。建立社会组织的制度化监督机制，积极探索既有利于组织发展又能对组织起到约束作用的监管体系。建立多种方式和多元化渠道来保障农民工顺利加入政治组织，鼓励政治组织吸纳农民工成员，在发展会员的比例上对农民工给予适当倾斜，简化农民工入会手续，创新入会形式。提高农民工政治参与意识，引导农民工参与各类政治组织，提升农民工政治组织化水平。

第二，加大管理与支持，为农民工自组织发展提供资源保障。整合社会资源为社会组织发展建设基地，适当进行财政拨款，解决当前社会组织零散、经费不足的问题，让那些因资金缺乏或周转困难而面临濒危困境的社会组织继续发挥服务社会的功能。加强与社会组织间的沟通，建立科学的信息共享系统，为社会组织提供信息保障。

第十二章

市民化中提升农民工政治参与的政策建议

农民工政治参与问题不仅能彰显农民工在政治生活中的地位和作用，更在一定程度上反映了我国政治民主化和法治化建设问题。本书揭示了农民工市民化背景下，我国农民工政治参与的情况，识别出影响农民工政治参与的具体机制。为推进我国全过程人民民主建设，引导农民工有序政治参与，预防农民工走向政治边缘化，给出明确的政策指向。本书基于研究发现，从制度、经济、社会以及文化等方面给出政策建议，以期为政府的下一步工作提供新思路。

一、持续推进户籍制度改革，逐步剥离附着在户籍上的经济政治功能，保证农民工就地进行政治参与

第一，充分正视全国各地区在经济、制度及人口等方面的差异，根据各地区、城市的实际与特点，科学制定户籍制度的改革方向。鉴于我国城镇化已经形成东部沿海大城市的异地城镇化和中西部中心城镇化的就近就地城镇化并行的格局，区域户籍制度联动改革十分必要。打破城市之间的制度性壁垒，制定大城市之间一致化的户籍准入标准和构建户籍准入积分互认机制，有序推进有能力的农民工进城落户，缓解流动人口过多的管理压力。

第二，为农民工自由迁移创造公平的制度环境，加快推进以居住证绑定公共服务，让社会保障服务逐步与户口脱钩，并逐渐从基本公共服务均等化向全面公共服务均等化转变，以教育、住房、医疗等基本公共服务为重点，解决农民工在城市的基本生活问题。首先，城市基本公共服务供给对象由本地户籍人口逐步向常住人口转变，实现基本公共服务覆盖城市常住的农民工及其随迁家人，使其能够逐渐享受到与市民相同的权利。其次，加快实现医疗保险异地报销，简化保险手续，解决流动人口报销难的问题。住房是农民工融入城市的关键因素，把符合条件的农民工纳入当地住房保障的范围，为其提供保障性住房，降低保障性住房门槛。把与企业有稳定劳动关系的农民工纳入与城市市民相同的职工基本社会保险如养老、医疗，建立灵活就业农业转移人口的社会保障政策，完善社会保险关系的转接转续政策，实现国家统筹，不分城乡、异地，只要具有中国的公民身份就可以获得国家统一提供的基本养老保险。密切农民工与城市政府的利益联系，促进农业转移人口的社保参与，激发农民工关心城市政治，进行政治参与的内在动力。

第三，把政治参与权利从户籍脱钩，以居住证绑定公民的政治参与权，打破农民工在城市政治参与的制度壁垒，赋予农民工在城市参与政治活动的机会。减少农民工在城市政治活动参与的资格限制，精简政治参与的程序，真正做到以居住地代替户籍所在地确定选民资格。建立流动人口选民系统，以居住证替代户籍为选民登记的依据，让农民工凭借现有的居住证获得常住地的选举与被选举的资格。建立线上办理选民登记制度，降低农民工就地选举参与的时间和经济成本。各级地方政府应根据各地实际情况制定农民工选举细则，制定更加明确的选举程序、办理条件以及选举与被选举的资格要求等方面的内容，从而使得农民工选举与被选举权的行使有章可循、有法可依，真正的落实农民工的政治参与。另一方面，在各级党代会、人大、政协的代表中增加农民工代表的比例，提高农民工代表性。在选农民工代表时，要注重选出不同年龄、性别、职业、学历、地区等背景的农民工，增加农民工代表的充分性。鼓励农民工在工会、社区居委会等组织中行使民主选举、决策、管理的权利，赋予农民工与城市市民相同的政治选举权。

第四，尽快建立全国统筹的政治制度体系，解决农民工在进行政治参与时所遭遇的制度壁垒。由于各地政府考虑当地发展，时常存在一定的地方保护主义，农民工很难冲破制度壁垒参与当地政治生活，所以国家要加强宏观政策导向，统筹农民工政治参与的相关政策，流入地及流出地都要协调保障好农民工的基本权益，衔接好农民工流动时社会保障、子女教育、政治参与等工作的办理。

二、畅通农民工政治参与渠道，鼓励农民工自组织发展，增强农民工政治参与的能力

第一，建立和完善有效的制度化政治参与渠道，鼓励农民工进行政治参与。在党团组织中应适当提高农民工群体的比例，帮助农民工认识到党团组织的重要性，可以及时了解与自身利益相关的政策，表达农民工群体的权益需求。重视发展农民工党员，加强农民工的党组织建设，建立城乡党组织系统一体化，以城市党组织为主农村党组织为辅的农民工党员管理服务制度。在工会组织中应积极引导农民工通过工会向政府和企业表达群体的利益诉求，维护自身的权益，强化农民工群体的维权意识。建立流动人口社区参与的机制。逐步放宽社区选民资格限制，积极组织开展社区活动，引导农民工积极参与城市社会治理活动，鼓励他们在工会、社区居委会等组织中行使民主选举、决策、管理和监督的权利。健全互联网参政渠道，通过网络参与选举投票，对政治事件和政策意见稿发表意见和看法，行使政治监督权利，拓宽农民工政治参与渠道。构建农民工信息网络平台，健全农民工投诉制度，增强农民工政治监督的能力。

第二，提高农民工组织化程度，促进农民工自组织的发展。农民工群体成立的"同乡会""工友群"等自组织形式，可以满足这个群体内部的信息传递、资源共享及社会交往的需求。当面临劳资纠纷时，农民工自组织可以成为农民工群体与企业间协调的第三方机构，实现农民工群体与企业主的力量抗衡，从而改变农民工的弱势地位。一方面，鼓励城市的各类工会、协会等自组织吸纳农民工成员，并充分利用现有自组织来保障农民工的合法权益；另一方面，积极引导农民工建立更多的农民工权益代表的自组织，以期在公共事务决策时能够充当农民工群体利益的代言人，维护其合法权益。

三、继续完善农民工就业、教育政策，提高农民工社会经济地位，增强其政治行为能力

第一，结合产业升级过程完成农民工就业政策的"进化式"改革。其一，建立规范的职业技能认证体系，逐步推动农民工职业技术职称认定。通过职业职称认定给予技能型"老工人"、高水平的"高级工人"应有的技术肯定和物质保障，引导农民工努力提升自身的劳动技能。其二，推广阶梯式技能培训模式，完善农民工职业技能培训政策，加大对其的人力资本财政投资的力度。针对高龄、婚育年龄、女性农民工和返乡农民工降低培训准入门槛，丰富新生代农民工的职业技能培训内容，并考虑到农民工未来的发展方向，逐步适量加入信息技术内容，最终形成针对不同年龄段，不同性别、不同发展取向的农民工的全方位、广覆盖的培训体系。其三，政府要统筹各种社会资源、监督用人单位为农民工免费提供定期、稳定、有针对性的职业培训，有组织、有计划地提高农民工专业领域的知识和技能，提高农民工就业和社会适应的能力，满足城市化快速建设的要求。

第二，维护农民工的劳动保障权益，加速农民工就业正规化进程，保证农民工与市民享有同等的职业发展权利。监督企业、用人单位与农民工签订并履行劳动合同，依法进行劳务派遣，整合劳动用工的备案、社会保险登记以及就业失业登记，用以实现对用人单位雇佣农民工的动态监管。把与企业有稳定劳

动关系的农民工纳入与城市市民相同的职工基本社会保险如养老、医疗，建立灵活就业农民工的社会保障政策，完善社会保险关系的转接转续政策。为农民工提供与市民职工平等的升职通道，保障农民工与市民同工同酬的基础上，关注农民工与市民职业流动的机会公平。

第三，多渠道解决农民工的受教育问题，提升农民工文化素养。政治参与意识、政治参与能力与教育程度高低呈明显的正向关系，提升受教育水平是加强农民工政治参与的前提条件。其一，保障教育资源公平，建立城乡一体化教育体系，确保农村人口能够享受与城市市民相同的教育资源，提高农民工进城务工前的文化水平。一方面，强化政府宏观调控和资源统配能力，确保全国所有公立中小学享有相同的办学条件，建立城乡学校联盟、对口帮扶、对口支援、乡镇中心学校教师走教等办学模式和手段，实施城市学校和农村学校共同体捆绑式发展。另一方面，构建支持农村师资队伍发展的长效机制，大幅度地改善农村教师的生活条件和工作待遇，鼓励教师到农村发展。其二，教育与户籍逐渐脱钩，让农民工尤其是农民工子女能够自由选择就学地方。继续调整高考制度，允许异地高考，解决农民工子女异地高考的制度障碍。健全高等教育的助学制度，确保农村学生有平等的就学机会。其三，提高职业教育办学水平，建立灵活开放的农民工终身教育体系。一方面，鼓励职业学校与企业联合办学，聘请企业优秀的一线工人为专业技能老师，通过"手把手"的教学方式，提高职业学校的教学水平。同时政府应建立相应的保障制度，提高职业教育学历在社会上的认可度，提升优秀技术工人的社会地位。另一方面，大力发展农民工继续教育，创新教育理念、教育方法、教育内容，把普通文化教育、职业技能教育和思想政治教育融合起来，为提升已就业农民工的文化水平，增强其政治行为能力提供契机。

四、鼓励农民工社会参与，构建市民网络关系，提高社会资本存量

我国农民工在流动过程中，其社会网络关系经历了由以血缘、亲缘、地缘为主到以业缘为主的转变。相对于农民工来说，城市市民往往拥有着更为丰富的信息与资源，在政治参与方面情况较好。农民工在陌生的城市环境面前，他们结成的市民网络是其重要的社会资本。研究结果发现，农民工在与城市市民的互动中，会有效促进其政治参与。因此，政府要引导农民工与城市市民构建市民网络关系，形成以血缘、亲缘、地缘为主的强关系市民网络以及以业缘为主的弱关系市民网络多种网络关系并存的格局，提供农民工与城市市民交往的平台，深化农民工的社会交往层次，提高农民工的社会资本存量。

第一，营造城市社会形成接纳和包容的社会文化风尚，为农民工与市民的互动交往营造氛围。通过社区、媒体的宣传教育，消除城市市民对农民工的偏见与歧视心理，让市民认识到农民工对整个城市发展所做的贡献；改变农民工面对市民的自卑心理，让农民工认识到自己在城市中的价值，促进农民工与市民之间的相互理解。

第二，鼓励农民工参与各类非政治组织和活动，拓展并改善其在城市的市民网络关系。一方面，鼓励社区积极组织各类社区的活动，为农民工与市民相互了解与融合提供平台，能够增强其对所在社区的认同感、归属感及主人翁意识，提升其社会交往层次。另一方面，降低农民工参与社团组织的门槛，鼓励城市的各类非政治组织，如公益组织、环保组织，俱乐部组织等吸纳农民工成员。农民工在参与社团组织和活动的过程中，逐渐形成农民工与城市市民的社会联系，扩大农民工的城市社会交往渠道，以改善其社会资本，更好地进行政治参与。

五、加快农民工政治文化现代化的进程，培育参与型政治文化，提高农民工的政治参与意识

第一，加快推进我国城镇化建设，加强城乡关联度，促进城乡政治文化一体化。积极发挥城市的辐射效应，以城镇为中心带动周边农村的政治文化发展，建立"一城带一乡"的模式，通过城市居民的示范效应影响农村居民的政治文化心理，推进农村政治文化的现代化。

第二，培养农民工的政治意识，提升农民工政治效能感。其一，鼓励农民工学校、用人单位、社区及各类社会组织开展思想政治教育，培养农民工的政治意识，增强农民工的政治效能感。其二，充分发挥大众传媒的作用，开展专门的政府政策和政治知识的宣传教育活动，让农民工能够全方位、多层次地感受到政府对其生活、工作的影响，进而改变他们的政治态度，促进农民工的政治意识的萌发。其三，提高政府对农民工诉求的回应性，提升农民工的政治效能感知。一方面，政府要树立现代化行政理念，增加"为人民服务"的意识，变管理为服务；另一方面，鼓励农民工积极地参与民主决策与民主管理，增进农民工对政策的理解和认同。其四，保障城市政治活动中一定的农民工参与比例，提高农民工政治参与的获得感，进而提升他们的政治效能感。

第三，削弱传统的权威价值观，培育参与型政治文化。传统文化中的权威价值观会阻碍农民工政治参与，而新型的参与型政治文化则会有效地提升农民工政治参与的概率。一方面，充分利用各类农民工教育机构、大众传媒以及其他社会组织在政治文化宣传上的作用，对农民工群体进行政治思想和现代政治文化科普宣传教育工作，向他们普及政治文明、民主与科学、依法治国等现代政治文化理念，削弱其权威价值观念，培养其农民工的参与型政治文化。另一方面，辩证地看待传统的政治文化，充分吸收和传承我国传统政治文化中积极的、合理的内容，如传统文化中的民本思想等。让社会主义核心价值观成为社会公众普遍认同的观念，构建民主、平等、参与的现代政治文化氛围。

六、建立多样化的信息传播渠道，提高政府公共政务信息的透明度，保障农民工政治信息获取

农民工在流入地获得有效的政治信息是促进其政治参与的重要因素。其一，流入地政府要打破地方政府保护主义与 GDP 主义惯性，构建"阳光政府""透明政府"，进一步健全与完善政务公开制度。通过简化获取政务信息的程序，拓宽政府政策宣传渠道，让农民工能够全方位、多层次地获得政府政治信息，以促进我国农民工政治活动的参与以及政治参与的可能性，推动我国民主政治化与法治化建设。其二，发挥用人单位、社区组织在农民工政治信息传播作用，通过设立政治信息宣传栏，把一些政治常识、政治事件、政治人物、政治热点等政治信息传递给农民工，进而提高其政治信息的获取。其三，发挥社会团体组织政治社会化作用，通过组织常态化政治信息分享交流活动，向组织内农民工会员宣传政策信息。其四，鉴于微博、抖音等新媒体已经成为民众参与政治活动的重要渠道，受到了更多农民工特别是新生代农民工的青睐。因此，要充分发掘大众传媒，尤其是微博、抖音等新媒体的作用，向农民工公开流入地政府最新的政策及相关的政务信息，提高农民工获取政治信息的便捷性、及时性。

主要参考文献

一、中文参考文献

（一）专著

[1] 国家卫生和计划生育委员会流动人口司.中国流动人口发展报告2013 [M].北京：中国人口出版社，2013.

[2] 刘茜，杜海峰.城市融入视角下的农民工权利研究 [M].北京：社会科学文献出版社，2017.

[3] 王邦佐，孙关宏，王沪宁，李惠康.新政治学概要 [M].上海：复旦大学出版社，2021.

[4] 王浦劬.政治学基础 [M].北京：北京大学出版社，2018.

[5] 王沪宁.比较政治分析 [M].上海：上海人民出版社，1987.

[6] 杨光斌.政治学导论 [M].北京：中国人民大学出版社，2011.

[7] 俞可平.权力政治与公益政治：当代西方政治哲学评析 [M].北京：社会科学文献出版社，2000.

[8] 张小劲，景跃进.比较政治学导论 [M].北京：中国人民大学出版社，2001.

[9] 朱晓进.政治文化与中国二十世纪三十年代文学 [M].北京：人民出版社，2006.

（二）译著

[1] 阿尔蒙德，维巴.公民文化：五个国家的政治态度和民主制度 [M].张明澍，译.北京：商务印书馆，2014.

[2] 格林斯坦，波尔斯比.政治学手册精选：下卷 [M].储复耘，译.北京：商务印书馆，1996.

[3] 林南. 社会资本：关于社会结构与行动的理论 [M]. 张磊, 译. 上海：上海人民出版社, 2005.

[4] 帕特南. 使民主运转起来：现代意大利的公民传统 [M]. 王列, 赖海榕, 译. 南昌：江西人民出版社, 2001.

[5] 蒲岛郁夫. 现代政治学丛书：政治参与 [M]. 解莉莉, 译. 北京：经济日报出版社, 1989.

[6] 亨廷顿, 纳尔逊. 难以抉择：发展中国家的政治参与 [M]. 汪晓寿、吴志华、项继权, 译. 北京：华夏出版社, 1989.

[7] 中共中央马克思恩格斯列宁斯大林著作编译局. 马克思恩格斯全集：第2卷 [M]. 北京：人民出版社, 1957.

[8] 中共中央马克思恩格斯列宁斯大林著作编译局. 马克思恩格斯选集：第1卷 [M]. 北京：人民出版社, 1972.

[9] 中共中央马克思恩格斯列宁斯大林著作编译局. 马克思恩格斯选集：第1卷 [M]. 北京：人民出版社, 1995.

（三）期刊

[1] 白萌等. 新生代农民工政治表达意愿性别差异的研究 [J]. 西安交通大学学报（社会科学版）, 2012, 32 (3).

[2] 边燕杰, 张文宏. 经济体制、社会网络与职业流动 [J]. 中国社会科学, 2001, (2).

[3] 蔡华杰. 对农民工政治参与意识的透析 [J]. 社科纵横, 2006 (4).

[4] 柴宝勇, 黎田. 政治文化、政党文化与党内政治文化关系辨析 [J]. 马克思主义研究, 2020 (5).

[5] 陈菊红. 国内关于农民工组织化研究综述 [J]. 中共石家庄市委党校学报, 2013, 15 (11).

[6] 陈鹏, 臧雷振. 媒介与中国农民政治参与行为的关系研究——基于全国代表性数据的实证分析 [J]. 公共管理学报, 2015, 12 (3).

[7] 陈旭峰等. "半城市化"的政治边缘人——农民工的社会融入状况对政治参与意愿的影响分析 [J]. 浙江社会科学, 2010 (8).

[8] 陈云松. 互联网使用是否扩大非制度化政治参与：基于 CGSS2006 的工具变量分析 [J]. 社会, 2013, 33 (5).

[9] 陈振明, 李东云. "政治参与"概念辨析 [J]. 东南学术, 2008 (4).

[10] 程遥, 徐良军, 姚亚楠, 等. 农民工参选人大代表：问题、成因、对

策［J］. 人大研究，2008（3）.

［11］程竹汝. 完善和创新公民监督权行使的条件和机制［J］. 政治与法律，2007（3）.

［12］迟艳艳. 公民身份视角下农民工市民化的困境与破解［J］. 山东行政学院学报，2020（2）.

［13］戴长征，余艳红. 流动人口参与基层政府民主监督问题探讨［J］. 江苏行政学院学报，2015（3）.

［14］邓秀华. 长沙、广州两市农民工政治参与问卷调查分析［J］. 政治学研究，2009（2）.

［15］丁百仁，王毅杰. 农村居民政治效能感及其影响因素分析［J］. 湖南农业大学学报（社会科学版），2014，15（3）.

［16］丁云，顾韵婷. 新生代农民工政治参与的制度困境及完善路径［J］. 山西师大学报（社会科学版），2017，44（2）.

［17］杜海峰，刘茜，任锋. 公平感对农民工流入地政府信任的影响研究：基于公民权意识的调节效应分析［J］. 西安交通大学学报（社会科学版），2015，35（4）.

［18］高翔，龙小宁. 省级行政区划造成的文化分割会影响区域经济吗？［J］. 经济学（季刊），2016，15（2）.

［19］顾东东，杜海峰，刘茜，等. 新型城镇化背景下农民工社会分层与流动现状［J］. 西北农林科技大学学报（社会科学版），2016，16（4）.

［20］管人庆. 论网络政治表达权的法律保障机制——以匿名权为核心视角［J］. 社会科学辑刊，2012（2）.

［21］何正玲，刘彤. 论网络政治参与的主体及形式［J］. 兰州学刊，2011（8）.

［22］贺汉魂，皮修平. 农民工概念的辩证思考［J］. 求实，2006（5）.

［23］胡枫，王其文. 农村劳动力跨省流动行为的影响因素分析［J］. 山西财经大学学报，2008（1）.

［24］胡军辉. 相对剥夺感对农民工市民化意愿的影响［J］. 农业经济问题，2015，36（11）.

［25］胡荣，陈诗颖. 农民工的城市融入与基层选举参与［J］. 社会科学研究，2022（1）.

［26］华锋. 农民工选举权：制约因素及其破解［J］. 农业经济，2017（4）.

[27] 金华. 参与型政治文化：推进和完善我国公民参与公共决策的现实选择 [J]. 湖北社会科学, 2011 (12).

[28] 孔建勋, 肖恋. 性别、教育与因特网：转型时期缅甸民众的政治参与 [J]. 南亚研究, 2018 (3).

[29] 雷叙川, 赵海堂. 中国公众的社会资本与政治信任——基于信任、规范和网络视角的实证分析 [J]. 西南交通大学学报（社会科学版）, 2017, 18 (2).

[30] 李丹峰. 媒体使用、媒体信任与基层投票行为——以村/居委会换届选举投票为例 [J]. 江苏社会科学, 2015 (1).

[31] 李奋生. 扩大新生代农民工有序政治参与的对策研究 [J]. 农业经济, 2015 (9).

[32] 李慧敏. 惯习与改变：D 村生活能源演化过程中农户决策行为研究 [J]. 农村经济与科技, 2021, 32 (21).

[33] 李路曲. 政治文化理论的逻辑演进 [J]. 天津社会科学, 2020 (4).

[34] 李培林, 李炜. 农民工在中国转型中的经济地位和社会态度 [J]. 社会学研究, 2007 (3).

[35] 李培林. 流动民工的社会网络和社会地位 [J]. 社会学研究, 1996 (4).

[36] 李培林, 田丰. 中国新生代农民工：社会态度和行为选择 [J]. 社会, 2011, 31 (3).

[37] 李强. 农民工步入中间阶层通道亟待开放 [J]. 农村经营管理, 2011 (3).

[38] 李强. 社会学的"剥夺"理论与我国农民工问题 [J]. 学术界, 2004 (4).

[39] 李全利. 从场域形塑到行为共生："场域-惯习"下的驻村干部治理转型——基于广西凌云县的跨度案例分析 [J]. 公共管理学报, 2023, 20 (3).

[40] 李蓉蓉. 海外政治效能感研究述评 [J]. 国外理论动态, 2010 (9).

[41] 李桃, 王志刚. 农民工政治参与研究综述 [J]. 宜宾学院学报, 2006 (10).

[42] 李佑静. 新生代农民工社区参与及其影响因素研究——基于重庆市农民工的调查 [J]. 重庆理工大学学报（社会科学）, 2018, 32 (12).

[43] 李月军, 侯尤玲. 近十年来国内政治文化研究概述 [J]. 社会科学动态, 2000 (12).

[44] 梁枫, 任荣明. 基于利益相关和相对剥夺感的群体性事件动机城乡对比 [J]. 经济与管理研究, 2017, 38 (1).

[45] 刘传江, 程建林. 第二代农民工市民化: 现状分析与进程测度 [J]. 人口研究, 2008, 32 (5).

[46] 刘翠霄. 进城务工人员的社会保障问题 [J]. 法学研究, 2005 (2).

[47] 刘建娥. 从农村参与走向城市参与: 农民工政治融入实证研究——基于昆明市 2084 份样本的问卷调查 [J]. 人口与发展, 2014 (1).

[48] 刘琳, 张海东. 阶层、动机与特大城市居民的非制度化政治参与——以北京、上海、广州为例 [J]. 社会科学战线, 2020 (8).

[49] 刘琦. 社会剥夺研究文献综述 [J]. 才智, 2013 (8).

[50] 刘五景, 杨黎红. 新生代农民工有序政治参与的价值意蕴: 政治学视角 [J]. 江西师范大学学报 (哲学社会科学版), 2019, 52 (5).

[51] 刘笑霞. 论我国政府绩效评价的价值取向 [J]. 北京理工大学学报 (社会科学版), 2011, 13 (6).

[52] 卢国显. 农民工的组织化及其治安对策研究 [J]. 中国人民公安大学学报 (社会科学版), 2010, 26 (2).

[53] 罗竖元. 流动经历与新生代农民工的政治参与——基于湖南省的实证调查 [J]. 东南学术, 2013 (2).

[54] 麻宝斌, 马永强. 公平感影响政府信任的绩效评价路径分析 [J]. 学习论坛, 2019 (4).

[55] 马得勇. 政治信任及其起源——对亚洲 8 个国家和地区的比较研究 [J]. 经济社会体制比较, 2007 (5).

[56] 马磊, 刘欣. 中国城市居民的分配公平感研究 [J]. 社会学研究, 2010, 25 (5).

[57] 聂月岩, 宋菊芳. 农民工政治参与存在的问题及解决途径 [J]. 城市问题, 2010 (6).

[58] 牛静坤, 杜海峰, 杜巍, 刘茜. 公平感对农民工集群行为的影响研究——基于平等意识的调节效应分析 [J]. 公共管理学报, 2016, 13 (3).

[59] 潘泽泉, 杨金月. 社会关系网络构成性差异与 "强弱关系" 不平衡性效应分析——基于湖南省农民工 "三融入" 调查的分析 [J]. 中南大学学报 (社会科学版), 2017, 23 (6).

[60] 钱星辰. 社会组织促进新生代农民工城市融入的路径研究 [J]. 经济研究导刊, 2022 (16).

［61］权麟春. 文化认同视域中的政治认同 ［J］. 湖北行政学院学报, 2020 (3).

［62］任义科, 张彩, 杜海峰. 社会资本、政治参与与农民工社会融合 ［J］. 甘肃行政学院学报, 2016 (1).

［63］施雪华. 论西方国家资本形式与政治形式的关系 ［J］. 武汉大学学报 (社会科学版), 2001 (6).

［64］石伟伟. 女性农民工权益保护的困境及对策 ［J］. 法制与经济 (中旬刊), 2011 (6).

［65］宋玉军. 推动农民工组织化程度的政治经济学思考 ［J］. 技术经济, 2006 (6).

［66］苏群, 赵霞, 季璐. 基于剥夺理论的农民工心理健康研究 ［J］. 华中农业大学学报 (社会科学版), 2016 (126).

［67］孙福金. 论人民参与 ［J］. 社会主义研究, 1987 (2).

［68］孙景珊. 当代中国农民政治参与的政治文化因素分析 ［J］. 云南行政学院学报, 2009, 11 (2).

［69］孙昕聪. 论政治效能感对农民政治参与的影响——基于中国乡镇民主与治理调查数据的多元线性回归分析 ［J］. 甘肃理论学刊, 2017 (2).

［70］孙秀林. 城市移民的政治参与: 一个社会网络的分析视角 ［J］. 社会, 2010, 30.

［71］孙湛宁, 徐海鸥. 青年政治意识表达研究述评 ［J］. 中国青年研究, 2011 (12).

［72］汤兆云, 张憬玄. 新生代农民工的社会网络和社会融合——基于2014年流动人口动态监测调查江苏省数据的分析 ［J］. 江苏社会科学, 2017 (5).

［73］唐灿, 冯小双. "河南村" 流动农民的分化 ［J］. 社会学研究, 2000 (4).

［74］田北海, 桑潇. 城市务工经历、现代性体验与农民政治效能感 ［J］. 甘肃行政学院学报, 2019 (3).

［75］万斌, 章秀英. 社会地位、政治心理对公民政治参与的影响及其路径 ［J］. 社会科学战线, 2010 (2).

［76］王超恩, 符平. 农民工的职业流动及其影响因素——基于职业分层与代际差异视角的考察 ［J］. 人口与经济, 2013 (5).

［77］王春光. 农民工: 一个正在崛起的新工人阶层 ［J］. 学习与探索, 2005 (1).

[78] 王甫勤. 当代中国大城市居民的分配公平感: 一项基于上海的实证研究 [J]. 社会, 2011, 31 (3).

[79] 王光海, 黄红梅. 政治文化与政治体制改革的关系 [J]. 铁道警官高等专科学校学报, 2003 (4).

[80] 王桂新, 沈建法, 刘建波. 中国城市农民工市民化研究 [J]. 人口与发展, 2008, 14 (1).

[81] 王立梅, 胡刚. 农民工政治参与边缘化的原因探析 [J]. 西北农林科技大学学报 (社会科学版), 2006 (4).

[82] 王明生, 杨涛. 改革开放以来我国政治参与研究的回顾与展望 [J]. 清华大学学报 (哲学社会科学版), 2011, 26 (6).

[83] 王启明, 张非凡. 当代农民工市民化转型中的政治参与度及提升路径 [J]. 改革与开放, 2018 (10).

[84] 王四正. 文化认知对公民有序政治参与的价值构建 [J]. 河南大学学报 (社会科学版), 2016, 56 (6).

[85] 王文卿. 市民网络、性别与乡城流动人口的心理健康 [J]. 太原学院学报 (社会科学版), 2020, 21 (6).

[86] 王小军. 流动人口参与居住地选举的困境及其实现路径——以村 (居) 委会选举为中心 [J]. 求实, 2016 (4).

[87] 韦林珍, 钟海. 农民工政治文化的嬗变与和谐社会构建 [J]. 西安交通大学学报 (社会科学版), 2007 (3).

[88] 温忠麟, 叶宝娟. 中介效应分析: 方法和模型发展 [J]. 心理科学进展, 2014 (5).

[89] 翁定军. 阶级或阶层意识中的心理因素: 公平感和态度倾向 [J]. 社会学研究, 2010, 25 (1).

[90] 吴丽萍. 农民工加入工会组织的制约因素及完善 [J]. 兰州学刊, 2010 (1).

[91] 吴瑞君, 薛琪薪. 中国人口迁移变化背景下农民工回流返乡就业研究 [J]. 学术界, 2020 (5).

[92] 伍俊斌. 中国传统政治文化现代化的范式转换 [J]. 中南大学学报 (社会科学版), 2012 (2).

[93] 肖滨, 方木欢. 扩大公民有序政治参与的双轨路径——基于中国改革开放以来实践经验的理论分析 [J]. 政治学研究, 2017 (4).

[94] 肖唐镖, 王江伟. 农村民主管理的村民评价——五省 60 村的跟踪研

究（1999—2011）[J].四川大学学报（哲学社会科学版），2014（2）.

[95]肖唐镖，易申波.当代我国大陆公民政治参与的变迁与类型学特点：基于2002与2011年两波全国抽样调查的分析[J].政治学研究，2016（5）.

[96]邢淑芬，俞国良.社会比较研究的现状与发展趋势[J].心理科学进展，2005，13（1）.

[97]熊光清.当代中国政治文化变迁与政治发展[J].太平洋学报，2011（12）.

[98]熊光清.新生代农民工政治效能感分析——基于五省市的实地调查[J].社会科学研究，2013（4）.

[99]徐慧，梁捷，桂姗.社会地位来源对欺骗行为的影响——来自实验室实验的证据[J].南方经济，2019（2）.

[100]徐久刚，冯进成.社会主义民主和党内民主（二）正确理解和坚持民主集中制[J].中共山西省委党校省直分校学报，2006（5）.

[101]徐延辉，龚紫钰.社会质量与农民工的市民化[J].经济学家，2019（7）.

[102]徐延辉，李明令.工作单位与政治参与：市场化效应的一个微观管窥[J].政治学研究，2021（2）.

[103]徐延辉，刘彦.社会资本与农民工的社会公平感[J].社会科学战线，2018（11）.

[104]徐增阳."民工潮"的政治社会学分析[J].政治学研究，2004（1）.

[105]严冬.网络民主视角下的政治参与研究——以"网上两会"（2009年~2013年）为例[J].天津行政学院学报，2014，16（1）.

[106]杨菊华，朱格.心仪而行离：流动人口与本地市民居住隔离研究[J].山东社会科学，2016（1）.

[107]杨莉芸.突破与创新：构建农民工城市政治参与的长效机制[J].求实，2013（9）.

[108]杨敏聪.新生代农民工的"六个融合与市民化发展"[J].浙江社会科学，2014（2）.

[109]杨召奎.跨省流动农民工将成断缴社保最大群体专家建议，增加养老保险流转的顺畅性[J].中国职工教育，2015（11）.

[110]于扬铭.农民工政治参与的困境与实现路径[J].海南大学学报（人文社会科学版），2016，34（1）.

[111] 袁爱清, 吴思嘉. 媒介赋权视域下新生代农民工利益表达倾向及引导研究 [J]. 长江师范学院学报, 2022, 38 (2).

[112] 悦中山, 李树茁, 费尔德曼. 农民工社会融合的概念建构与实证分析 [J]. 公共管理学报, 2012 (1).

[113] 臧雷振, 孟天广. 中国农村基层民主选举中经济投票行为研究 [J]. 社会科学, 2012 (2).

[114] 张波, 李群群. 现代政治文化与国家治理能力提升的共生逻辑 [J]. 理论探讨, 2020 (4).

[115] 张斐. 新生代农民工市民化现状及影响因素分析 [J]. 人口研究, 2011, 35 (6).

[116] 张芬芬. 新型城镇化视阈下农民工市民化路径研究 [J]. 成都师范学院学报, 2018, 34 (12).

[117] 张金庆, 冷向明. 现代公民身份与农民工有序市民化研究 [J]. 复旦学报 (社会科学版), 2015, 57 (6).

[118] 张雷, 任鹏. 外出务工农民政治参与双重性探析 [J]. 理论界, 2005 (11).

[119] 张丽红. 农民工的政治权利探析 [J]. 理论与现代化, 2005 (1).

[120] 张文宏. 社会资本: 理论争辩与经验研究 [J]. 社会学研究, 2003 (4).

[121] 张小兵. 网络表达与社会稳定 [J]. 中国人民公安大学学报 (社会科学版), 2009, 25 (3).

[122] 赵延东, 罗家德. 如何测量社会资本: 一个经验研究综述 [J]. 国外社会科学, 2005 (2).

[123] 赵智, 刘琳. 新时期农民工市民化的时代特征 [J]. 农村经济与科技, 2017, 28 (17).

[124] 郑建君. 政治效能感、参与意愿对中国公民选举参与的影响机制——政治信任的调节作用 [J]. 华中师范大学学报, 2019, 58 (4).

[125] 郑维东, 李晓男. 政治文化的两种维度: 政治心理与意识形态 [J]. 中国青年政治学院学报, 2004 (1).

[126] 郑振清, 苏毓淞, 张佑宗. 公众政治支持的社会来源及其变化——基于2015年 "中国城乡社会治理调查" (CSGS) 的实证研究 [J]. 政治学研究, 2018 (3).

[127] 周柏春, 江雪薇. "微" 时代农民工政治参与问题探析 [J]. 黑龙

江社会科学，2019 (5).

[128] 周成，钱再见. 全过程人民民主的政治逻辑：基于"价值—制度—行动"框架的分析 [J]. 湖北社会科学，2022 (10).

[129] 周庆智. 农民工阶层的政治权利与中国政治发展 [J]. 华中师范大学学报（人文社会科学版），2016，55 (1).

[130] 朱彬彬，朱文文. 农民工制度化政治参与的边缘化及消解 [J]. 中共石家庄市委党校学报，2006，8 (10).

[131] 朱慧涛. 结构性贫困：流动农民工的弱势处境分析 [J]. 重庆行政，2005 (3).

[132] 朱小龙. 农民工选举权利保护 [J]. 法制博览，2015 (14).

[133] 朱煜，刘强，刘琴. 当代农民工政治关心度与参与度调查分析 [J]. 求实，2012 (1).

（四）学位论文

[1] 崔慧慧. 乡村振兴视域中农民政治参与问题研究 [D]. 南充：西华师范大学，2022.

[2] 贾帮飞. 返乡农民工政治参与研究 [D]. 南充：西华师范大学，2018.

[4] 刘春泽. 代际差异中的新生代农民工政治认同研究 [D]. 长春：吉林大学，2015.

[5] 路旭东. 政治效能感视野下新生代农民工政治参与研究 [D]. 郑州：郑州大学，2017.

[6] 张伯伦. 新生代农民工选举权保障问题研究 [D]. 新乡：河南师范大学，2017.

[7] 张杰. 洛阳市新生代农民工政治参与问题研究 [D]. 锦州：渤海大学，2019.

二、英文参考文献

（一）专著

[1] ACOCK A C. Discovering Structural Equation Modeling Using Stata [M]. Texas：A Stata Press Publication，2013.

[2] BEEGHLEY L. Living poorly in America [M]. New York：Praeger Publishers，1983.

[3] DAVID B G. Social stratification: class, race, and gender in sociological perspective [M]. Colorado: Westview Press, 2001.

[4] GORDON M M. Assimilation in American life: the role of race, religion, and national origins [M]. New York: Oxford University Press, 1964.

[5] HUNTINGTON S P, NELSON J M. No Easy Choice, Political Participation in Developing Countries [M]. Cambridge: Harvard University Press, 1976.

[6] MILLER W E, MILLER A H, SCHNEIDER E J. American National Election Studies Data Sourcebook, 1952—1978 [M]. Cambridge: Harvard University Press, 1980.

[7] MILLER W E, SHANKS J M, SHAPIRO R Y. The New American Voter [M]. Cambridge: Harvard University Press, 1996.

[8] PUTNAM R D, LEONARDI R, NANETTI R Y. Making Democracy Work: Civic Traditions in Modern Italy [M]. Princeton: Princeton University Press, 1994.

[9] SULS J M, MILLER R L. Social Comparison process: Theoretical and empirical perspectives [M]. Washington, DC: Hemisphere Publication Services, 1977.

(二) 期刊

[1] ADAMS J S. Inequity in Social Exchange [J]. Advances in Experimental Social Psychology, 1965, 2 (4).

[2] BEEGHLEY L. Social class and political participation: A review and an explanation [J]. Sociological Forum, 1986, 1 (3).

[3] BERGER M, GALONSKA C, KOOPMANS R. Political integration by a detour? Ethniccommunities and social capital of migrants in Berlin [J]. Journal of Ethnic and Migration Studies, 2004, 30 (3).

[4] BIAN Y J. Bring Strong Ties Back In: Indirect Ties, Network Bridges, and Job Searches in China [J]. American Sociological Review, 1997, 62 (3).

[5] BUEKER C S. Political incorporation among immigrants from ten areas of origin: The persistence of source country effects [J]. International Migration Review, 2005, 39 (1).

[8] COLEMAN J S. Social Capital in the Creation of Human Capital [J]. American Journal of Sociology, 1988: 94.

[9] COLLINS R L. For better or worse: The impact of upword social comparisons on self-evaluations [J]. Psychological Bulletin, 1996, 119 (1).

[10] CROPANZANO R , MITCHELL M S . Social Exchange Theory: An Interdisciplinary Review [J]. Journal of Management, 2005, 31 (6).

[11] DUIN L, SNEL E. Social networks and civic and political participation in six European cities. A quantitative study [J]. Finisterra - Revista Portuguesa de Geografia, 2013 (96).

[12] DURLAUF S N, FAFCHAMPS M. Empirical studies of social capital: a critical survey [J]. In P. Aghion, S. N. Durlauf (eds), Handbook of Economic Growth, vol. 1A, Amsterdam: Elsevier, 2004.

[13] FESTINGER L. A theory of social comparison processes [J]. Human Relations, 1954, 7 (2).

[14] GARCIA J A. The political integration of Mexican immigrants: examining some political orientations [J]. International Migration Review, 1987, 21 (2).

[15] GRANOVETTER M S. The Strength of Weak Ties [J]. Social Science Electronic Publishing, 1973, 78 (6).

[16] HIRSCH H, GUTIERREZ A. The militant challenge to the American ethos: Chicanos and Mexican- Americans [J]. Social Science Quarterly. 1973, 53.

[17] HOU J Z, ZHU Y. Social capital, guanxi and political influence in Chinese government relations [J]. Public Relations Review, 2020, 101885.

[18] KAASE M. Interpersonal Trust, Political Trust and Non - institutionalised Political Participation in Western Europe [J]. West European Politics, 1999, 22 (3). [19] LAMARE J W. The political integration of Mexican American children: A generational analysis [J]. International Migration Review, 1982, 16 (1).

[20] MCALLISTER I, MAKKAI T. Resource and social learning theories of political participation: ethnic patterns in Australia [J]. Canadian Journal of Political Science , 1992, 25 (2).

[21] MCPHERSON M, SMITH-LOVIN L, COOK J M. Birds of a Feather: Homophily in Social Networks [J]. Annual Review of Sociology, 2001, (27) .

[22] PATTIE C, JOHNSTON R. Personal mobilisation, civic norms and political participation [J]. Geforum, 2013, 45.

[23] PORTES A. Social Capital: Its Origins and Applications in Modern Sociology [J]. Annual Review of Sociology, 1998, 24 (1).

[24] PUTNAM R D. Bowling alone: America's declining social capital [J]. Journal of democracy, 1995, 6 (1).

[25] SCHACHTER S. The interaction of cognitive and physiological determinants of emotional state [J]. In Lberkowitz (ed), Advances in experimental social Psychology, New York: Aeademie Press, 1964.

[26] SEO M. Beyond coethnic boundaries: coethnic residential context, communication, and Asian Americans' political participation [J]. International Journal of Public Opinion Research, 2011, 23 (3).

[27] STOUFFER S A, SUCHMAN E A, DEVINNEY L C, et al. The American Soldier: Adjustment During Army Life [J]. Social Service Review, 1949, 1 (4).

[28] TILLIE J. Social capital of organizations and their members: explaining the political integration of immigrants in Amsterdam [J]. Journal of Ethnic and Migration Studies, 2004, 30 (3).

[29] WANG Y, REES N, ANDREOSSO - O´CALLAGHAN B. Economic change and political development in China: findings from a public opinion survey [J]. Journal of Contemporary China, 2004, 13 (39).

[30] WHEELER K G. Cultural values in relation to equity sensitivity within and across cultures [J]. Journal of Managerial Pseyhology, 2002, 17 (7).

[31] WILLS T A. Downward comparison principles in social psychology [J]. Psychological Bulletin, 1981, 90.

[32] ZIPP J F, LANDERMAN R, LUEBKE P. Politicalparties and political participation: A Reexamination of the standard socioeconomic model [J]. Social Forces, 1982, 60 (4).